ESCALAS
DE REPRESENTAÇÃO EM ARQUITETURA

Blucher

EDITE GALOTE CARRANZA
RICARDO CARRANZA

ESCALAS
DE REPRESENTAÇÃO EM ARQUITETURA

5ª edição revista e ampliada

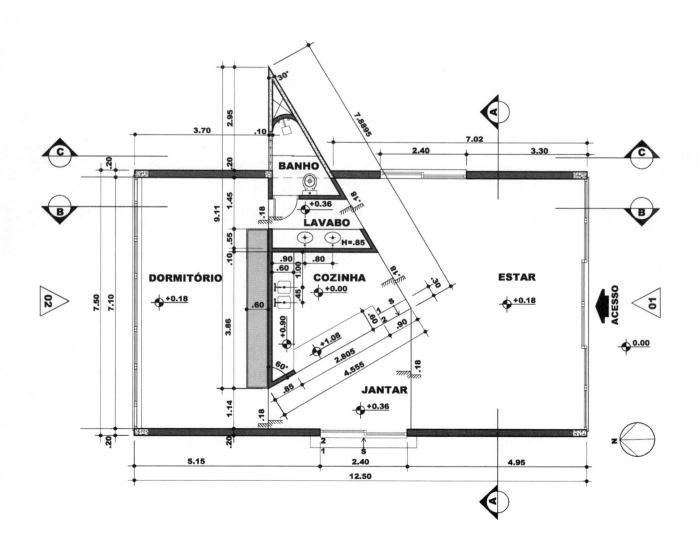

Escalas de representação em arquitetura
© 2018   Edite Galote Carranza
            Ricardo Carranza
5ª edição revista e ampliada – 2018
Editora Edgard Blücher Ltda.

Colaboradores
Arquiteta: Carolina Pepe Sacchelli
Designer de interiores: Natália Cristina da Silva
Programação visual: PWP Comunicação – www.pwp.com.br

Blucher

Rua Pedroso Alvarenga, 1245, 4º andar
04531-934 – São Paulo – SP – Brasil
Tel.: 55 11 3078-5366
contato@blucher.com.br
www.blucher.com.br

Segundo o Novo Acordo Ortográfico, conforme 5. ed. do *Vocabulário Ortográfico da Língua Portuguesa*, Academia Brasileira de Letras, março de 2009.

É proibida a reprodução total ou parcial por quaisquer meios sem autorização escrita da editora.

Todos os direitos reservados pela Editora Edgard Blücher Ltda.

DADOS INTERNACIONAIS DE CATALOGAÇÃO NA PUBLICAÇÃO (CIP)
ANGÉLICA ILACQUA CRB-8/7057

Carranza, Edite Galote Rodrigues
    Escalas de representação em arquitetura / Edite Galote Carranza, Ricardo Carranza. – 5. ed. rev. ampl. – São Paulo : Blucher, 2018.
    240 p. : il.

    Bibliografia
    ISBN 978-85-212-1272-0

    1. Desenho arquitetônico 2. Representação arquitetônica I. Título. II. Carranza, Ricardo.

18-0029   CDD 720.284

Índice para catálogo sistemático:
1. Desenho arquitetônico

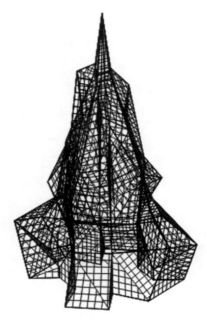

6ª Bienal Internacional de Arquitetura
G&C Arquitectônica Ltda.

"A capacitação de uma pessoa adulta é essencialmente um fenômeno autodidático com base motivacional: não se trata de transferência de conhecimento, mas de sua apropriação dinâmica por parte do 'interessado', ou seja, aquele motivado por seu próprio interesse." [1]

[1] Chaves (2001, p. 132, em tradução livre).

CONTEÚDO

Prefácio à 1ª edição 8

Prefácio à 2ª edição 10

Prefácio à 3ª edição 12

Prefácio à 4ª edição 14

Apresentação 18

Agradecimentos 19

"Nós, os desenhadores" 20

Introdução 21

Definição 25

A linguagem de concepção 26

Croqui 27

Materiais de desenho 33

Normas de desenho 41

Projeção ortogonal 65

Cortes e elevações 75

Planialtimetria 105

Nomenclatura 111

Projeto executivo de arquitetura 115

Escadas e rampas 137

Telhados 163

Vegetação 175

Detalhes construtivos 181

Perspectiva 195

Desenho de observação 217

Ergonomia e mobiliário 223

Verbetes 229

Bibliografia 235

PREFÁCIO À 1ª EDIÇÃO

Para a humanidade, sempre foi importante construir seus abrigos e projetar com maestria os detalhes de estruturação dos espaços que ocupava. Soberanos, generais e famílias influentes precisavam se apoiar naqueles que conheciam não só as formas e os materiais com que construir, mas, principalmente, como organizar os detalhes dessas construções para criar espaços que satisfizessem os anseios de distintos grupos sociais, mas que também mostrassem às comunidades dimensões de nobreza, poder, estética e peculiaridades da cultura daquele povo. O conhecimento desse engenho e dessa arte tão necessários despertou-se assim, como uma especialidade reconhecida daqueles que eram os melhores mestres e também dos cidadãos que se orgulhavam desses feitos.

O desenho técnico ganhou, então, relevância, pois permitia representar espaços e objetos imaginados para determinados projetos e informar os encarregados de produzi-los com precisão e audácia.

Essa linguagem técnica, associada a noções de medidas e escala de representação, permitiu transmitir as diferentes concepções de edificações e objetos a muitos grupos, que aperfeiçoaram e modificaram formas, volumes e estética para atender às distintas necessidades com que deparavam em seu cotidiano ao longo da história da civilização.

Constituiu-se, assim, em uma grafia nobre, conhecida por poucos, que tinham por ofício produzir e ensinar – os artífices – e que se envolveram com materiais e técnicas específicos para construir e montar desde objetos de utilidade até monumentos que transmitiam a importância da comunidade em seus contextos históricos.

O desenho técnico, como a escrita, tornou-se uma ciência específica e poderosa conhecida só pelos que dominavam os códigos com que comunicavam suas ideias. Um código que, atualmente, é mais um símbolo, pois não é secreto e consta de normas que o controlam, permitindo a transmissão correta da mensagem que, se obedecida, transforma essas informações em edificações, objetos e outros monumentos presentes em vários grupos sociais.

Conhecer essa grafia-símbolo é uma necessidade básica daqueles que atuam nas áreas de arquitetura, engenharia, design gráfico e do produto. Sem essa linguagem, não é possível produzir nessas áreas. Ensiná-la, portanto, requer experiência. E foi a partir dessa experiência que os autores, trabalhando conjuntamente neste livro, passaram a fazer apontamentos para transmitir a seus pupilos. Assim, organizaram este livro.

Com cerca de um decênio dedicado ao ensino de desenho técnico em faculdades de arquitetura e urbanismo, Ricardo Carranza é conhecedor das facilidades e das dificuldades presentes nesse aprendizado. E constatando a quase inexistência de material didático com enfoque voltado para arquitetura, iniciou o preparo das informações hoje reunidas neste livro. Essa experiência o autoriza a identificar etapas definidas de aprendizagem que se iniciam com um processo de familiarização com a linguagem do desenho técnico e conhecimento das normas brasileiras (Associação Brasileira de Normas Técnicas – ABNT). O domínio dessa linguagem permite que, nas etapas seguintes, volte-se para outras abordagens, como: desenho de criação, desenho informal e modelos tridimensionais.

Com o avanço da revolução industrial, e consubstanciada no domínio da informática, a experiência de ensino do desenho técnico leva a inovações. Edite Galote Rodrigues Carranza se destaca por seu repertório que se traduz num filtro seletivo de comandos de desenho por computador com o programa AutoCAD, da Autodesk, mundialmente utilizado pelos escritórios de arquitetura. Edite, ao organizar um repertório básico, leva sua experiência profissional à frente de seu escritório de arquitetura, para o ambiente acadêmico, permitindo aos estudantes alcançar um bom desempenho em desenho técnico, produzindo plantas, cortes e elevações representativos de seus projetos.

A dificuldade que muitos estudantes encontram nesse modo de desenhar pode ser resumida ao fato de terem que usar o computador como um novo instrumento de desenho e, com ele, realizar projetos com os mesmos padrões gráficos constantes das Normas. Essa dificuldade é notória, pois é preciso que os profissionais se familiarizem com o uso desse novo instrumento de desenho. Para tanto, a Associação Brasileira de Escritórios de Arquitetura (ASBEA) procura mostrar as vantagens de adequar os parâmetros gráficos aos programas de computador, o que mostra na publicação de Cabriaghi, Amá, Castanho e Westermann (2002), intitulada *Diretrizes gerais para intercambialidade de projetos em CAD: integração entre projetistas, construtores e clientes*.

Outro lado dessa dificuldade enfrentada por estudantes e profissionais é nem sempre iniciarem uma faculdade com curso de capacitação tendo frequentado anteriormente uma escola técnica em edificações, não estando, então, aptos para pensar, conceber e realizar seus projetos. Daí a importância dos conhecimentos trazidos por esta publicação, que os levem a superar essas dificuldades de linguagem gráfica, podendo "aprender fazendo" a partir das sequências de informações e exercícios práticos apresentados.

Por isso, é muito bem-vinda a estratégia de apresentação de tópicos, mostrando os passos sequenciais a experimentar, testar. Essa é, talvez, a maior riqueza deste livro: propor exercícios práticos com dificuldades crescentes, desde os primeiros esboços de um projeto preliminar, até o desenho de um projeto executivo de arquitetura. Os melhores profissionais em desenho do projeto arquitetônico acabam desenvolvendo uma empatia com os programas de computador e se destacando ao longo de suas carreiras, com novos modos de produzir e novas pedagogias de ensinar. Talvez seja essa a grande inovação que distingue os tempos modernos dos primórdios do desenho técnico. Este livro é uma porta que se abre, introduzindo o leitor no mundo do desenho, permitindo-lhe separar passo a passo as dificuldades encontradas nesse campo do conhecimento.

São Paulo, 18 de setembro de 2004
Gilda Collet Bruna[2]

---

[2] GILDA COLLET BRUNA é arquiteta e urbanista formada pela Faculdade de Arquitetura e Urbanismo da Universidade de São Paulo (FAU-USP). Tem doutorado pela FAU-USP e especialização em planejamento urbano pela Japan International Cooperation Agency (JICA), em Tóquio, Japão. É livre-docente pela FAU-USP e fez pós-doutorado como professora visitante da Universidade do Novo México, em Albuquerque, EUA. É professora e coordenadora da pós-graduação da Universidade Presbiteriana Mackenzie.

PREFÁCIO À 2ª EDIÇÃO

O desenho – esse nosso tradutor de emoções, sonhos e ideias – pode assumir distintas formas de manifestação. Tanto Lúcio Costa, em programa elaborado no início dos anos 1940 para o Ministério da Educação sobre o tema, quanto Francis Ching, em seu livro *Dibujo y proyecto*, editado em 1999, reconhecem três modalidades de desenho: o de observação, o de criação e o técnico. Todas interessam ao arquiteto, uma vez que constituem instrumentos vitais de trabalho.

O desenho de observação é uma ferramenta de apropriação de determinada realidade, registro daquilo que desperta nossa atenção – um edifício, uma rua, uma paisagem. São incontáveis os desenhos de observação produzidos por arquitetos nos mais variados períodos da história. Como Le Corbusier, que lançou seu olhar sobre o Oriente, visitado em 1911 e quando de sua passagem pelo Brasil, em 1929.

O desenho de criação está "a serviço da imaginação, quando inventa", ou seja, "concebe e deseja construir"; é o veículo pelo qual a essência de nossas ideias se configura. Trata-se dos familiares croquis. Variam quanto à expressividade, economia de linhas, personalidade. Os esboços inconfundíveis de Oscar Niemeyer e os traços sumários com que Lúcio Costa definiu Brasília são exemplos significativos.

No entanto, por ser sintético e de dimensões imprecisas, o desenho de criação, no território da arquitetura, carece das informações indispensáveis à correta execução de determinada ideia, futura edificação. É quando, em seu auxílio, comparece o desenho técnico, ou seja, ferramenta de "como fazer", que obedece a determinadas normas, capazes de viabilizar a materialização daquilo que ainda se encontra em estágio preliminar de concepção.

Ao contrário do desenho de observação e do desenho de criação – impregnados de individualidade –, o desenho técnico é um instrumento fundamentado numa linguagem de caráter universal, própria de outros registros, como a química, a matemática, a geometria, a música. Por isso, capaz de ser entendido em qualquer quadrante, por mais diversos que sejam as línguas e culturas.

O presente livro aborda as normas que regem o desenho técnico de arquitetura. Fornece, de início, informações sobre os materiais e instrumentos básicos de trabalho – restritos, é claro, ao desenho de prancheta, reservando para a disciplina de Informática o ensino do desenho hoje corrente com o computador. Na sequência, enfoca as normas de representação gráfica, porquanto indispensáveis à correta informação das características do objeto concebido. O corpo principal da publicação é dedicado ao esclarecimento dos princípios da disciplina, apoiada tanto no sistema de projeção ortogonal quanto no perspectivo.

O livro familiariza, assim, o estudante com os recursos convencionais de representação dos objetos – pensados tridimensionalmente – por meio de um conjunto de representações bidimensionais que, no entanto, se interrelacionam. Ou seja, inclui plantas, cortes e elevações dos distintos componentes de uma edificação, em escalas as mais diversas, conforme o grau de esclarecimento pretendido. O desenho perspectivo – ferramenta das mais importantes de que se vale o arquiteto e que alcança hoje elevado grau de sofisticação com variados programas de computação – tem esclarecidos, passo a passo, seus princípios de montagem.

Por sua natureza mais complexa, recebem especial atenção alguns componentes da edificação, como escadas, rampas e telhados, bem como alguns detalhes frequentes na etapa de projeto executivo, todos ilustrados por meio de exemplos e exercícios, assegurando ao leitor a compreensão necessária. Conclui o trabalho um oportuno capítulo de verbetes, de modo a introduzir o aluno no universo dos vocábulos arquitetônicos, que conta, como muitos outros campos do conhecimento humano, com terminologias específicas que é necessário desde cedo dominar.

A experiência pedagógica de mais de uma década do casal de arquitetos Edite e Ricardo Carranza os credencia para proporcionar-nos uma publicação que se distingue dos manuais correntes, limitados às regras básicas do desenho técnico. Vai além, ao se respaldar, segundo os próprios autores, "nas diferentes especificidades necessárias ao desenvolvimento de um projeto, dos esboços iniciais ao projeto executivo". E, ressalte-se, ganha eficácia como instrumento de aprendizado do aluno, com os exemplos e exercícios práticos propostos. Estão de parabéns, portanto, não só os autores, por este livro belo, minucioso e oportuno, que enriquece a rara bibliografia sobre o assunto, mas especialmente os alunos de nossos inúmeros cursos de Arquitetura, que terão no *Escalas de representação em arquitetura* uma "mão segura" para o registro correto de suas concepções, tímidas quando de seus primeiros passos, mas capazes, com o correr do tempo, de ganhar expressão original neste discurso permanente e rico – o da criação arquitetônica.

Julho de 2007
Alberto Xavier[3]

---

[3] ALBERTO XAVIER nasceu em 1936 e formou-se em 1961 na Faculdade de Arquitetura da Universidade Federal do Rio Grande do Sul. Lecionou nos cursos de Arquitetura da Universidade de Brasília (UnB), da Universidade de São Paulo (USP), da Universidade Presbiteriana Mackenzie, da Universidade Católica de Santos, do Centro Universitário Belas Artes e da Universidade São Judas Tadeu. Como arquiteto, trabalhou no Centro de Planejamento Urbanístico da UnB, no escritório de Rino Levi e no Instituto de Pesquisas Tecnológicas da USP. Foi responsável pela pesquisa e edição do livro *Lúcio Costa: sobre arquitetura* (1962), reeditado fac-símile em 2007, além de autoria nas coletâneas sobre a arquitetura moderna das cidades de São Paulo, Rio de Janeiro, Curitiba e Porto Alegre e *Depoimento de uma geração* (1987), reedição revista e ampliada (2003) de obra eleita por especialistas como um dos dez livros mais importantes da década de 1980.

PREFÁCIO À 3ª EDIÇÃO

A publicação de um trabalho revela além da divulgação de um conhecimento acumulado, o desejo de compartilhá-lo com um público mais amplo, cuja troca dele decorrente é uma etapa fundamental na construção do conhecimento. Escalas de Representação em Arquitetura dos arquitetos Edite Galote R. Carranza e Ricardo Carranza é resultado de suas experiências didática e profissional, que gentilmente se dispuseram a coletivizar. Lançada pela primeira vez em 2004, esta publicação vem conquistando seu espaço entre os que se interessam em aprender desenho técnico de arquitetura, confirmado por esta terceira edição. A sua contribuição já foi apontada pelos colegas Gilda Collet Bruna e Alberto Xavier, que me antecederam nos prefácios da primeira e da segunda edição, respectivamente. Seja como a ajuda àqueles que não tiveram a oportunidade de aprender desenho técnico destacada por Gilda, seja como o apoio para esclarecer as dúvidas que surgem no desenvolvimento de um projeto comentado por Xavier, esta publicação é uma fonte de consulta para o ensino e o aprendizado de desenho técnico de arquitetura.

O desenho técnico é um recurso fundamental no processo do projeto arquitetônico, responsável pela intermediação entre a concepção e a execução. Assim como a gramática uniformiza a linguagem, permitindo àqueles que se expressam por uma mesma língua se façam entender, o desenho técnico confere precisão às ideias expressas nos croquis, tornando-as universalmente compreensíveis, portanto, exequíveis, para todos os profissionais da construção, de engenheiros a operários.

O formato similar a uma apostila com a proposição de exercícios, facilita a compreensão das muitas etapas de um projeto de arquitetura e suas respectivas representações e aproxima-se da experiência do aluno, incentivando-o aos exercícios seguintes. Apresentando o vocabulário, os instrumentos, os materiais, as normas, os tipos de representação e suas especificidades, os componentes e detalhes construtivos, os autores fornecem os elementos necessários para que se possa passar da imprecisão dos desenhos de criação ao rigor do desenho executivo.

A partir dos sistemas de projeção ortogonal e perspectivo e da simulação de uma possível situação de projeto, introduz-se a complexidade do projeto, do levantamento planialtimétrico ao detalhamento, facilitando a compreensão da representação e da realidade representada.

O desenho na prancheta tem outra dinâmica do desenho no computador, a começar pelo tempo e materialidade de um e outro. Enquanto na prancheta, há a etapa do desenho no papel manteiga e depois a sua cópia a nanquim em papel vegetal que para ser corrigida, há que se raspar o vegetal com gilete, este também um artefato em extinção, pelo menos no formato em que era utilizado. E no computador, as etapas são muito mais ágeis, permitindo que se altere e experimente com um simples toque, sem que as ideias tenham amadurecido, precipitando o resultado final. Cada técnica tem seus recursos próprios e o que de fato importa é saber como explorá-los, para o que esta publicação pretende dar uma orientação, que também é útil para aqueles que pretendem estudar ou trabalhar com a documentação de arquitetura, pois facilitará a sua compreensão, constituindo, portanto, um recurso de grande utilidade para a perscrutação de acervos, na medida que auxilia a leitura de projetos históricos.

Desejo que esse esforço de Edite e Ricardo seja amplamente retribuído pela consulta dos alunos e pelas questões que possam despertar nos outros docentes e arquitetos, estimulando a troca e o debate.

2013

Prof.ª dr.ª Monica Junqueira de Camargo[4]

---

[4] MÔNICA JUNQUEIRA DE CAMARGO é arquiteta e urbanista graduada pela Universidade Presbiteriana Mackenzie (1977), mestra em Arquitetura pela Universidade Presbiteriana Mackenzie, doutora em História da Arquitetura pela Universidade de São Paulo (USP), e livre-docente pela USP. Trabalhou como arquiteta de 1977 a 2003 na Prefeitura do Município de São Paulo na área de pesquisa do Departamento do Patrimônio Histórico e na Divisão de Pesquisas do Centro Cultural São Paulo. Lecionou História da Arquitetura no Brasil na Universidade Mackenzie de 1987 a 2003. Desde 2003, é professora da Faculdade de Arquitetura e Urbanismo da USP (FAU-USP), onde desenvolve a linha de pesquisa Arquitetura e Cidade Moderna e Contemporânea com particular interesse em arquitetura brasileira e patrimônio histórico, tendo sido conselheira do Conselho Municipal de Preservação do Patrimônio Histórico, Cultural e Ambiental da Cidade de São Paulo (Conpresp) no período de 2004 a 2007.

PREFÁCIO À 4ª EDIÇÃO

TRANSFORMAÇÕES HISTÓRICAS DA REPRESENTAÇÃO GRÁFICA EM ARQUITETURA

Os exercícios de desenho, contidos neste livro, são lições fundamentais para todos aqueles que ingressam em cursos de arquitetura. Só se pode valorizar o que esse livro contém a partir de um pequeno histórico da representação e da própria profissão de arquiteto. De modo sucinto, pretende-se destacar a seguir alguns fatos históricos que nos permitirão entender a nomenclatura utilizada para os vários tipos de desenho, o propósito de cada exercício, assim como a sequência desse aprendizado de fundamentos de desenho. O desenho de arquitetura sempre fascinou os arquitetos, e tem sido motivo de inúmeras reflexões. Importantes autores como Yves Deforge, Robin Evans, Ernst Gombrich, John Harvey, Wolfgang Lotz, Jean-Charles Lebahar, Jean Marie Savignat, Alberto Pérez-Gómez, Luigi Vagnetti, entre outros, estiveram debruçados sobre o estudo de desenhos ao longo da história da arquitetura. A gravidade desse tipo de estudo reside no fato de que em arquitetura não se desenha apenas para representar, se desenha para pensar e investigar espaços. Nesse sentido, o desenho é um meio de reflexão, de registro e de materialização de ideias.

Os arquitetos raramente trabalham diretamente com o objeto de seu pensamento, ou seja, eles não operam sobre os materiais na execução da obra. Esses profissionais sempre trabalham via algum meio de representação, quase sempre o desenho. Como bem afirmou Viollet-le-Duc, o desenho é o melhor meio de desenvolver a inteligência e de formar o julgamento, pois assim aprende-se a "ver". Manfredo Massironi também expressou ideia similar, afirmando que podemos "ver pelo desenho". O ato de desenhar exige atenção, compreensão e interpretação daquilo que ali está sendo visto e representado. Longe de ser um ato mecânico, o desenho exige reflexão, alcançando a plena desenvoltura de sua execução após árduo trabalho, profunda experiência e intensa prática cotidiana.

Em arquitetura, o pensamento é preponderantemente visual. O arquiteto necessita exteriorizar suas ideias e pensamentos por meio de desenhos. É durante a prática projetual que esse profissional aprende a produzir diferentes tipos de desenhos, que atendem a diferentes finalidades comunicativas. Há representações para si mesmo, como o croqui de concepção, há desenhos explicativos, para que os outros entendam o projeto, assim como há desenhos técnicos, cuja finalidade é transmitir instruções detalhadas de cada elemento para sua correta execução no canteiro de obra. A diferença mais significativa entre eles é que enquanto os desenhos gerados na fase de concepção são mais ambíguos e imprecisos, os desenhos da fase de desenvolvimento são claros e precisos. De tal modo, entre uma comunicação para si mesmo e uma comunicação com os outros, essa grande produção de desenhos não são meros registros gráficos, pois são oriundos de amplos conhecimentos e de uma ativa imersão intelectual.

É sempre oportuno lembrar que a longa tradição de elaborar desenhos vem da Antiguidade.

Leonardo Benevolo lembra que desenhos de arquitetura foram produzidos em diferentes suportes. Há desenhos de plantas sobre pedra e argila na Mesopotâmia, assim como elevações sobre papiro no antigo Egito. Na Idade Média, o suporte era o pergaminho. O papel só passa a ser o suporte de representação em arquitetura a partir do século XV. É de se supor que diferentes graus de dificuldades ocorreram no uso de ferramentas que propiciaram desenhar sobre esses diferentes suportes.

Diferentes ferramentas de desenho foram utilizadas nessa longa tradição de elaborar desenhos. Embora os esquadros fossem conhecidos na Antiguidade pelos egípcios, foi na Idade Média que o compasso tornou-se o sustentáculo das operações geométricas da arte de desenhar e de obter medidas para transpô-las durante as atividades no canteiro. Pelo compasso, o mestre-maçom pôde manusear as medidas sem a necessidade de cálculo, e relacioná-las a proporções entre as partes que definiam a modulação das pedras. A arte de cortar pedras, a estereometria, dependia da precisão geométrica e de gabaritos. Assim, enquanto a geometria eliminava o problema de grandezas irracionais, os gabaritos serviam como modelos para assegurar a uniformidade da modulação e da repetição das peças de cantaria. Todavia, esses conhecimentos eram mantidos apenas pelas corporações de ofício, como "segredos" da arte de construir.

A partir do século XII, o desejo de construir edifícios maiores, mais altos e com maior complexidade espacial, impulsionou a prática de execução de desenhos em grandes dimensões. Até essa época, os desenhos eram preponderantemente traçados com vara e corda, diretamente no solo e em tamanho natural. Contudo, a partir da necessidade de antecipar pelo desenho as complexas relações entre elementos de cantaria, intensifica-se a produção de desenhos sobre pergaminhos, resultando desenhos mais detalhados e mais precisos.

A partir do Renascimento, os Tratados de Arquitetura divulgaram os "segredos" da arte de desenhar das corporações de ofício, instituindo capítulos sobre geometria e as técnicas de desenho, inclusive a perspectiva linear, que propiciou o posicionamento preciso de objetos no espaço em profundidade. Houve grande desenvolvimento do desenho entre os séculos XV e XVIII, sobretudo pelo domínio cada vez maior da geometria e das técnicas de representação. A passagem dos desenhos artístico-ilustrativos, dos artistas-arquitetos do Renascimento, para os desenhos técnico-operativos dos arquitetos da era industrial no século XVIII e XIX foi expressiva, e esteve em sintonia com os vários "estilos" da arquitetura clássica. É interessante destacar que, se de um lado, os desenhos expressivos e autorais mostravam a capacidade criativa e as habilidades dos arquitetos na representação da percepção do espaço, do outro, os desenhos técnicos e operativos tinham relação e compromisso direto com a construção. Essa oscilação entre desenhos de criação e de execução percorre todos os períodos da arquitetura.

Entre os séculos XV e XVIII, os desenhos expressivos se desenvolveram a partir da perspectiva linear renascentista, que propiciou a "matematização" do espaço, incorporando recursos mais sofisticados de desenho, como a técnica do claro-escuro, ao passo que os desenhos técnicos passaram a ser cotados, incorporando detalhes construtivos, facilitando as operações no canteiro de obras. O crescente afastamento do arquiteto do canteiro de obras o obrigou a deixar desenhos mais detalhados para a execução de cada elemento construtivo. Se até a Idade Média boa parte das instruções era verbal, a partir de Filippo Brunelleschi a prática de antecipar a obra pelo desenho fez com que o arquiteto assumisse uma posição de criador e não de um construtor. Esse processo se acelera a partir da metade do século XVII, sobretudo na França, com o ensino acadêmico da profissão, que permitiu a formação do arquiteto como "ofício". A "codificação" do desenho foi necessária para incluir informações detalhadas sobre como representar a execução por partes de cada elemento construtivo. O crescente detalhamento do projeto é decorrência da necessidade de explicitar todas as operações técnicas desejadas para a construção na ausência do arquiteto. Assim, os desenhos técnico-operativos foram sendo codificados com informações cada vez mais detalhadas para viabilizar a sua correta tradução na construção de edifícios.

Com a Revolução Industrial, sobretudo a partir do século XIX, acelerou-se a necessidade de informações mais detalhadas sobre cada elemento construtivo para a sua execução no canteiro de obras. Nesse momento, a geometria descritiva foi decisiva para dominar o desenho desses componentes no espaço. Essa geometria pressupõe planos bidimensionais contendo dois eixos de cada vez. Ela é fundamental para a compreensão de como desmembrar um objeto tridimensional em planos bidimensionais.

Não foi mera coincidência que, a partir da metade do século XVIII, as axonométricas foram sistematizadas como auxílio à representação de perspectivas com dimensões no espaço. As perspectivas isométricas permitiram o controle de medidas em verdadeira grandeza. Assim, além das perspectivas cônicas, que permitiram desde o Renascimento posicionar o observador corpórea e perceptivamente dentro do espaço, as isométricas representaram um observador abstrato, aéreo, que observa com precisão a relação entre as partes que compõem o edifício.

O DESENHO NA ERA DA ERA DIGITAL

Desde os anos 1990, grande parte da produção de desenhos passou a ser produzida a partir de recursos computacionais. Os antigos "gabaritos", agora com precisão absoluta dos cálculos computacionais, são amplamente disponibilizados em programas gráficos. Modelos paramétricos garantem a relação matemática entre os componentes de um edifício, assim como plantas, cortes e elevações podem ser gerados a partir de um modelo geométrico digital tridimensional. Contudo, para que isso ocorra, o futuro arquiteto deve aprender as lições básicas de desenho, saber os códigos de representação, entender como as operações ocorrem durante a execução na obra. Desenha-se corretamente quando se tem o entendimento das características essenciais do objeto que está sendo representado.

Atualmente, a proliferação de cortes perspectivados, propiciados pelas técnicas de modelagem computacional nos induz a pensar esse fato como algo novo, nos esquecendo de que essa prática existe desde a Renascença, permitindo ver o interior e o exterior do edifício ao mesmo tempo. Essas lições históricas da arte de representar espaços em arquitetura não podem ser esquecidas, nem tampouco se pode abolir o aprendizado lento e gradual sobre os vários tipos de representação e suas diferentes finalidades comunicativas, pois boa parte de nosso ofício, como arquitetos, depende desses conceitos fundamentos, reiterado por este livro. O ensino de geometria descritiva tem sido profundamente alterado e, lamentavelmente eliminado de alguns currículos. O raciocínio espacial, propiciado pela geometria descritiva, aumenta significativamente a capacidade de perceber e desenhar formas no espaço. Mas nos últimos anos a atenção principal tem sido direcionada para a geometria topológica. Nessa geometria de formas e superfícies contínuas, os planos não precisam ser paralelos entre si, nem a representação baseada em rebatimentos de planos. A geometria topológica baseia-se em vetores no espaço. Isso significa que os planos são definidos apenas por coordenadas espaciais – x, y e z – fornecida pelos vetores. Nas últimas décadas, com os programas gráficos, é possível utilizar ferramentas digitais que operam sobre objetos tridimensionais sem recorrer a representações bidimensionais. Mas é importante entender que mesmo diante de tantas mudanças é essencial o aprendizado dos fundamentos que subjazem a esse tipo de representação, pois se desenha melhor quando se tem o domínio desses preceitos.

Atualmente, a representação pode ir muito além das restrições impostas pelo ângulo reto e o compasso. Contudo, o aprendizado que as formas geométricas puras trazem aos iniciantes é fundamental para a exploração de formas complexas. Os fundamentos iniciais de desenho não foram alterados, mas foram ampliados com as novas possibilidades expressivas trazidas pelos recursos computacionais. Consequentemente, as normas de desenho que se pode aprender nas diferentes lições contidas neste livro nos leva a pensar a importância histórica desses preceitos, e a íntima relação que elas têm em relação à organização das informações que se pretende comunicar àqueles que irão interpretar os desenhos e executá-los. Existe uma grande contribuição deste livro para o conhecimento das técnicas de representação. Projeções ortográficas – plantas, cortes e elevações – são ensinadas por meio de desenhos de fácil apreensão. Elementos construtivos como escadas e rampas, detalhes construtivos de alvenaria e de esquadrias – portas e janelas, bem como detalhes de tesouras e treliças e diferentes soluções para telhados são exemplificados de modo claro, sem pré-requisitos que dificultariam esse aprendizado inicial. Mesmo diante das rápidas mudanças trazidas pelas inovações tecnológicas, os desenhos e lições contidos neste livro se mantêm como um grande meio de expressão para o arquiteto comunicar e materializar suas ideias. Das projeções ortogonais aos vários tipos de perspectivas, até os verbetes, o livro escrito por Edite e Ricardo Carranza estimula o estudante a desenhar e representar seus próprios projetos, de modo a contribuir na sua formação profissional. Em sua quarta edição, este livro certamente motivará alunos de arquitetura a fazer uma imersão na fascinante arte de desenhar.

2016
Wilson Florio[5]

---

[5] WILSON FLORIO possui graduação em Arquitetura e Urbanismo pela Universidade Presbiteriana Mackenzie (1986), especialização em Didática do Ensino Superior (1995), mestrado em Arquitetura e Urbanismo pela Universidade Presbiteriana Mackenzie (1998) e doutorado em Arquitetura e Urbanismo pela Universidade de São Paulo (USP) (2005). É professor adjunto do quadro permanente do programa de Pós-Graduação em Arquitetura da Universidade Presbiteriana Mackenzie e professor adjunto do Instituto de Artes da Universidade Estadual de Campinas.

APRESENTAÇÃO

Escalas de representação em arquitetura é fruto de uma experiência didática. O título pretende contemplar as diferentes especificidades necessárias ao desenvolvimento de um projeto, dos esboços iniciais ao projeto executivo. A palavra escalas, nesse contexto, contempla o sentido técnico do termo no contexto do desenho de arquitetura – escalas de redução ou ampliação, mas também a concepção de níveis de abordagem no processo de projeto – imaginação, croqui, implantação, cortes, detalhe construtivo, perspectiva.

O livro foi tomando corpo durante mais de uma década de atividade acadêmica, nas disciplinas de Desenho Arquitetônico, Perspectiva, Projeto de Arquitetura, Sistemas Estruturais, Técnicas Construtivas e Informática. Nesse período, os registros das experiências – anotações, fotografias, e o *tête-à-tête* em sala de aula – foram catalogados, estudados e sistematizados. Procuramos adotar uma postura crítica sobre bibliografias, comentários de professores e alunos, mas consideramos que a experiência em sala de aula fez a diferença. Os exercícios planejados, ao serem lançados na diversidade humana do ambiente de trabalho, adquiriam maior profundidade: o grau de complexidade, a relevância e a abordagem do assunto e as informações técnicas sofriam o impacto da receptividade e da postura crítica do aluno. As alterações, ajustes, revisão de erros de proposta ou simples falhas técnicas – como digitação, revisão às vezes insuficiente por ter sido feita pela mesma pessoa que desenvolveu o exercício, problemas com arquivos eletrônicos, qualidade da plotagem, em resumo: foram muitos desafios a nos exigirem paciência, pesquisa e humildade, e que nos ajudaram a melhorar como professores e seres humanos. Entendemos, principalmente, que dedicar-se ao trabalho do livro é acreditar na possibilidade de um mundo melhor.

Assim, chegamos a um formato com a sequência de desenho e projeto de arquitetura, em linhas gerais, necessário aos cursos de arquitetura, e uma didática em que o desenho de arquitetura é compreendido em seus vários estágios de desenvolvimento, ou "escalas de representação".

Esperamos que nossa contribuição seja útil aos professores e estudantes dos cursos de arquitetura, engenharia e edificações, na ação coletiva que é o caminho do conhecimento.

Os autores

AGRADECIMENTOS

Publicar um livro é um sonho. Sua realização só é possível a partir de perseverança e trabalho árduo. Nosso trabalho para a primeira edição durou cerca de cinco anos e foi possível com a colaboração de pessoas realmente especiais.

Gostaríamos de agradecer à prof.ª dr.ª Gilda Collet Bruna, uma das primeiras pessoas a acreditar no projeto e que, gentilmente, fez o prefácio à primeira edição; ao prof. arquiteto Alberto Xavier, pelo prefácio da segunda edição e pelas minuciosas críticas e considerações sobre a primeira edição, importantes para o aperfeiçoamento do livro; à prof.ª dr.ª Mônica Junqueira de Camargo pelo prefácio à terceira edição, em que o conceito de desenho técnico é entendido também como linguagem; ao professor Delton Capozzi pelos comentários e aperfeiçoamentos de exercícios; à arquiteta Carolina Pepe Sacchelli, pela execução de maquetes eletrônicas e desenhos técnicos; à designer de interiores Natália Cristina da Silva, pela dedicação e paciência na elaboração e revisão de desenhos para a segunda edição; a Marco Antonio Bastos Machado, pelo desenho de esquadrias; ao prof. Wilson Florio, pela consistente perspectiva histórica do desenho, no seu prefácio à quarta edição, e a Pasquale Laviano Filho, responsável pela diagramação e pela revisão de arquivos eletrônicos desta edição.

Os autores

"NÓS, OS DESENHADORES"

Na concepção do arquiteto João Batista Vilanova Artigas, arquitetos são desenhadores, pois o desenho é a sua linguagem fundamental. Artigas fez de seus projetos um exemplo de arrojo e esmero com detalhes construtivos, qualidade do espaço, correlações com a cidade, coragem de enfrentar os desafios da técnica, preocupação com a percepção do usuário e vínculos que soube estabelecer entre profissão, ensino e responsabilidade social, consolidando-se, ao longo dos anos, como o profissional raro da arquitetura compreendida em toda a sua complexidade.

Em suas palavras, algumas considerações de caráter histórico:

"Mas para nós, os desenhadores, é imprescindível conhecer as considerações sobre o ensino do desenho que [Rui Barbosa] teceu já em 1883, portanto na hora mesma em que a polêmica que venho relatando se desenvolvia no mundo industrializado.

Refiro-me ao parecer que Rui, como relator, apresentou sobre o ensino primário no Brasil. Lá, creio que pela primeira vez em nossa língua, está registrada e em mais de uma oportunidade a nova modalidade de desenho – o desenho industrial. Não resta dúvida de que Rui Barbosa não deu ao desenho industrial que comentou o mesmo significado que ele tem hoje. Nem poderia ser diferente.

Como é inegável que o ensino do desenho entre nós tem sido considerado ensino de disciplina sem importância prática alguma, tanto no curso primário como nos cursos secundários, o estudo feito por Rui Barbosa ganha mais saliência ainda na história do desenho brasileiro. E a associação entre a história e o ensino de desenho, em especial sua consideração de se entender o desenho como linguagem, e sua constante preocupação de inserção social.

Creio que das considerações que fiz até agora já é possível concluir que este ideário nos tem impedido de enfrentar o ensino racional, cuidadoso e interessado do desenho, nas escolas brasileiras. Para desenhar é preciso ter talento, imaginação, vocação. Nada mais falso. Desenho é linguagem também e, enquanto linguagem, é acessível a todos. Demais, em cada homem há o germe, quando nada, do criador que todos homens juntos constituem. E como já tive oportunidade de sugerir, a arte, e com ela uma de suas linguagens – o desenho –, é também uma forma de conhecimento."[6]

---

[6] Artigas (1986, p. 48).

INTRODUÇÃO

O DESENHO COMO LINGUAGEM

Linguagem é o meio de expressão e comunicação do pensamento. Sabemos como e o que pensamos, ou julgamos que sabemos, por meio da linguagem.

Tudo que o ser humano possui sobre o real são pensamentos materializados pela linguagem, o que implica mensuração, convenção e distanciamento. O homem, então, funda sua escala de agrimensor e edifica uma memória coletiva.

A alavanca que moveu o ser humano no sentido de uma linguagem socialmente viável foi o confronto com a complexidade da economia urbana. A organização social das cidades da Mesopotâmia gravitava ao redor do templo que um deus-rei presidia. Esse poderosíssimo chefe de estado era o centro de convergência das riquezas produzidas pela coletividade. Ele possuía terras e o que nela fosse produzido, rebanhos e sua procriação, mais uma receita controlada por uma corporação de sacerdotes devotados à contabilidade e progresso material do deus-rei.

A prática de empréstimos e o pagamento condicionado a um bônus ofertado ao deus-rei, faria deste, inclusive, um embrião de sistema bancário. A saúde do sistema, entretanto, dependeria de alguma coisa como um denominador comum entre quantidade, diversidade de bens, expansão, e controle por um grupo em uma perspectiva de continuidade, ou seja, capaz de assimilar a substituição do indivíduo sem prejuízo do bom andamento dos trabalhos. Esse conjunto de necessidades da economia urbana traria em seu bojo o projeto essencial à permanência do homem no seu *habitat*, isto é, a escrita.

Mas a invenção da escrita contava com alguns antecedentes. Sobre a permanência, essa chave do tempo, sabemos como impressionou o homem por meio das pinturas rupestres, pois a linguagem é o que o homem tem de mais próximo do tempo, do ponto de vista de uma ascendência, até o momento. A linguagem pictográfica é um dos registros mais remotos daqueles antecedentes. Sinais pictográficos foram encontrados há milhares de anos em cavernas, placas de pedra, metal e madeira. A palavra hieróglifo, por exemplo, resulta da junção do grego *hiero*, sagrado, com *glyfé*, talhado.

Tabuinhas de argila encontradas cerca de 3000 a.C., na região da Mesopotâmia, registravam números, mas também caracteres, como "figuras taquigráficas – um jarro, uma cabeça de touro, dois triângulos, etc. A escrita é por isso denominada pictográfica. Podemos supor o que significam simplesmente vendo-os".[7] Nesse início de amadurecimento da linguagem, a seleção de pictogramas simples e representativos foi resultado de um trabalho coletivo. Como índice de especialização, ao pictograma foi atribuída uma quantidade, tornando-se, então, um ideograma ou logograma. O sufixo grama vem do grego *grámma* e significa letra, sinal, marca.

Com o uso, os sinais perderam sua identidade visual com o objeto que constituía a sua referência, o que é compreensível, pois o fim de toda linguagem é seu domínio público e, no processo de síntese, ele tende a afastar-se do desenho de observação para alcançar a dimensão de símbolo gráfico.

Ideograma ou logograma chinês significando "dentro", "meio"

Com a prática, o sinal passa a representar, além de coisas, ideias e sons.

Ao associar um som a um sinal, criava-se o fonograma, observável em várias culturas de economia urbana – Mesopotâmia, Antigo Egito, Índia e China são alguns exemplos históricos.

Assim, temos a palavra sumeriana *Ka*, que significava rosto, e o sinal rosto barbado. No processo de convenção, passa a indicar também a sílaba "Ka", associando-se a gritar, falar e palavra.

O sinal sumeriano significava rosto barbado e evoluiu para palavra *Ka*, que significa rosto (CHILDE, 1981).

Afirmar que a linguagem, socialmente fundamentada, tem sua origem associada a um deus-rei e a sacerdotes administradores de sua riqueza não significa ancorar sua essência a arbitrariedade e autoritarismo. O humanismo difundido a partir da Grécia seria impensável sem o domínio da linguagem escrita. Mesmo assim, edificar e urbanizar

---

[7] Childe (1981, p. 179).

implicavam o domínio de vários níveis de linguagem, como a associação símbolo-palavra e o conhecimento de relações geométricas. Noções de geometria, modelos e conhecimento empírico serão os instrumentos mais comuns no canteiro de obras durante muitos séculos.

Na Grécia, em torno do século V a.C., a geometria pura foi estudada e sistematizada. A duplicação do quadrado e a demonstração geométrica do teorema de Pitágoras são exemplos do alcance do conhecimento dos gregos sobre o assunto.

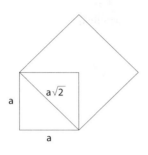

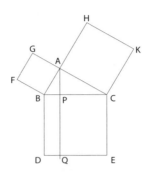

As ordens arquitetônicas, além de uma convenção de uma época, são um exemplo brilhante da aplicação da geometria ao desenho de elementos arquitetônicos. O templo grego é uma imagem de força e harmonia.

No século XV, a invenção da perspectiva exata, tributada ao arquiteto Filippo Brunelleschi, contribuiu como um novo instrumento para o estudo do espaço, sem alterar de forma direta os meios de edificar. Albrecht Dürer, estudioso da perspectiva como um meio de controle da forma, se debruçou também sobre problemas da geometria, encontrando uma solução para o desenho da elipse.

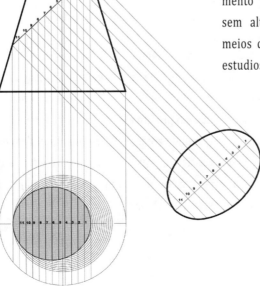

Apesar das conquistas no campo da geometria, a elaboração de uma linguagem específica à construção, de uma maneira geral, só será estabelecida pelo matemático francês Gaspard Monge, alavancada pela Revolução Industrial.

Conforme o método de Monge, figuras tridimensionais são estudadas sobre dois planos perpendiculares entre si. Pontos estratégicos são projetados ortogonalmente sobre o diedro, gerando projeções horizontais e verticais denominadas épuras.

Estudos subsequentes da teoria mongeana, por seus discípulos, ampliaram conceitos e métodos. O matemático italiano Gino Loria considerou a necessidade de mais um plano de projeção, que se tornaria instrumental para o estudo de determinadas peças.

A partir da épura mongeana estavam lançadas as bases para o desenho projetivo. O método é utilizado para o projeto de máquinas e motores, móveis e utensílios, edifícios e cidades.

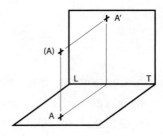

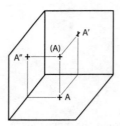

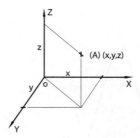

Em resumo, podemos afirmar que o desenho técnico é linguagem que faz uso da geometria aplicada à construção, simbologia específica, texto, normas e padrões, recursos analógicos, parâmetros de legislação, além de interpretar valores culturais como usos e costumes. Mesmo sem um maior conhecimento de línguas estrangeiras, é possível compreender um projeto em uma publicação internacional devido ao potencial de decodificação direta. É também sintomático que um projeto excepcional geralmente corresponde a um desenvolvimento gráfico excepcional, pois a linguagem projetiva deve circunscrever a complexidade do objeto a ser construído.

DEFINIÇÃO

DESENHO – É a representação da forma sobre uma superfície, por meio das linhas e dos contornos. Interpretação gráfica de uma expressão visual calcada na experiência sensível e na autonomia da "superfície" com valor de espaço-tempo.[8]

DESENHO ARQUITETÔNICO – Representação gráfica em uma superfície da expressão arquitetônica, pela linha, pelo contorno e pela forma. É o desenho em escala adequada como resultado de uma criação artística que se baseia na sensibilidade e na razão, duplo aspecto próprio da arquitetura. O desenho arquitetônico é o meio pelo qual o arquiteto expõe uma ideia, interpreta um desenho, uma necessidade. É a linguagem de um estudo, de um anteprojeto ou de um projeto arquitetônico. Por meio do traço, das plantas, dos cortes e das fachadas, se concretiza pelo desenho uma ideia, uma concepção.[9]

DESENH . AR, -ISTA, -O → DESIGNAR.[10]

DESIGNAR *vb.*, indicar, apontar, mostrar. Do lat. *dēsignāre*, marcar, traçar, representar, dispor, regular. *De . signum* – i, sinal, marca distintiva.[11]

---

[8] Corona e Lemos (1972, p. 168).
[9] Ibid.
[10] Cunha (1997, p. 253).
[11] Idem, p. 254.

A LINGUAGEM DE CONCEPÇÃO

O processo de projeto é desencadeado pela etapa de concepção, quando o arquiteto elabora graficamente as linhas gerais do projeto a ser construído. A etapa de concepção precede a sequência de desenhos técnicos que serão efetivamente empregados para conduzir a construção de um edifício ou edificação. Os desenhos de concepção, denominados croquis, constituem a gênese de um projeto. Desde uma residência unifamiliar a um complexo hospitalar, são com esses desenhos preliminares que a ideia se materializa. Na etapa de concepção, o arquiteto deve conduzir um processo de síntese extremamente complexo, pois é a partir de desenhos esquemáticos, aparentemente toscos, singelos, que devem ser colocadas, em uma perspectiva coerente, as várias áreas de conhecimento constantes de um projeto. Um croqui deve atender a questões de ordem cultural, estrutural, plástica, de orientação e circulação, conforto ambiental, técnicas construtivas, legislação, sustentabilidade e instalações.

O croqui será a base para o anteprojeto, e sobre este se debruçarão os projetistas dos complementares, como: fundações, estrutura, instalações e equipamentos. O desafio para o arquiteto é que sua concepção se mantenha íntegra no decorrer do processo.

No período historicista da arquitetura, os desenhos de concepção eram baseados em modelos convencionais e os arquitetos trabalhavam em perspectivas que não ocultavam o caráter de uma receita cenográfica estabelecida "a priori". A arquitetura moderna assumiu o compromisso de desvincular o arquiteto – enquanto profissional a serviço da corte – e encaminhá-lo à sua função social de profissional dedicado ao seu momento histórico. Os croquis de Le Corbusier ou Mies Van Der Rohe eram essencialmente objetivos, qualquer traço cenográfico era banido em respeito à comunicação de uma ideia.

CROQUI

A linguagem de concepção de um projeto de arquitetura possui forte vínculo com o profissional que a utiliza. As canetas de ponta porosa ficaram famosas nas mãos de Oscar Niemeyer, adepto de um croqui extremamente simplificado, sempre associado a um memorial justificativo. Lina Bo Bardi utilizava cores visando uma possível ambiência emocional de seus projetos e o arquiteto americano James Wines adotava exuberantes aquarelas artísticas. Existe toda uma gama de variações possíveis e viáveis para os estudos de concepção. O desenvolvimento de uma ideia em arquitetura implica um processo de síntese de grande envergadura. O croqui deve contemplar o projeto, em sua escala preliminar, em toda sua complexidade – plástica, técnicas construtivas, solução estrutural, implantação, e sua coesão e integridade serão testadas nas etapas subsequentes.

"O desenho 'seco' e analítico é a exigência básica da arquitetura moderna, a qual elimina a representação scenográfica, sombreada e indistinta, em que a imagem é abafada por outros fatores que se sobrepõem à idéia da arquitetura. O desenho 'magro' é quase um 'não desenho' e não quer fazer concorrência à obra já realizada, como acontecia com as grandes perspectivas scenográficas que, em certo sentido, esgotavam a obra arquitetônica, numa estéril sobre-estrutura. Le Corbusier desenha magnificamente, de maneira 'intelectual', e poderia 'descrever' em lugar de desenhar; e Saul Steinberg, que também é arquiteto, pode ser tomado como exemplo de síntese analítica, estreita e perfeita como documentação de uma, por assim dizer, linguagem arquitetônica desenhada."[12]

Um exemplo de croqui seco, ou sintético, é o de Oscar Niemeyer. Observemos seus estudos para o Paço de São Paulo, de 1952. O projeto não foi construído, mas seu desenvolvimento já apresentava o método que o arquiteto carioca viria consagrar ao longo de sua carreira. Um conjunto de croquis vem acompanhado de um memorial justificativo.

[12] Bo Bardi (2002, p. 65).

Escalas de representação em arquitetura

É provável a influência, ou ascendência, de Le Corbusier no que se refere à correspondência entre reflexão e desenho sobre Oscar Niemeyer, que deve tê-la assimilado durante a participação no projeto para o Ministério da Educação e Saúde – 1936/1943.

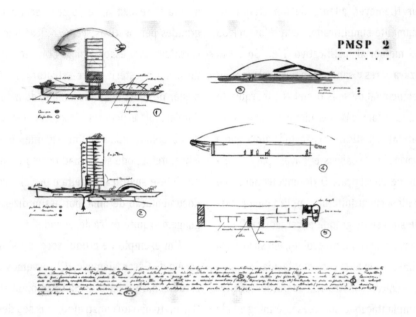

**Croquis e perspectiva – Oscar Niemeyer
Paço Municipal de São Paulo, 1952**

O arquiteto Eduardo Longo[13] é por nós considerado um desenhador.[14] Seus croquis são expressivos e deliberadamente "livres"; ao contrário do croqui de lineamento, os de Longo possuem "massa". Seu croqui é denso, escultórico, característico do seu processo. Sua linha de trabalho é intuitiva. O acúmulo de traços propicia um desenvolvimento mais sensível da concepção, como se o arquiteto buscasse, por meio do adensamento, uma leitura dos principais planos com que se identificaria no decorrer do processo. Para Longo, projetar é descobrir.

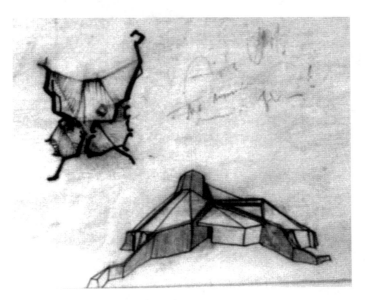

Croquis Eduardo Longo
Estudo para residência C. Lunardelli, 1969

"Ter-se-á de fazer um discurso à parte sobre desenho, como meio de prever, ou seja, sobre desenho como projeto. Através da simulação gráfica do edifício construído podem prever-se as contribuições que a construção pode fornecer sendo realizada. Esta simulação permite pôr à prova as hipóteses, transformando-as em predições verificáveis. O primeiro controle de qualidade do futuro edifício é efetuado pelo projetista quando analisa criticamente os próprios desenhos, o outro é efetuado pelos clientes que através da leitura da documentação gráfica e verbal devem estar à altura de aprovar ou não o projeto. Para que isto seja feito, os desenhos têm de conter uma informação completa sobre a qualidade prestativa do futuro edifício. O desenvolvimento da informática representa outra razão para a importância em compreender e clarificar a função do desenho, se considerar que grande parte das informações vem a ser elaborada e transmitida de forma gráfica."[15]

[13] Carranza (2004).
[14] Desenhador na concepção de Artigas (1986, p. 48).
[15] Massinori (1989, p. 11).

CROQUIS DO AUTOR

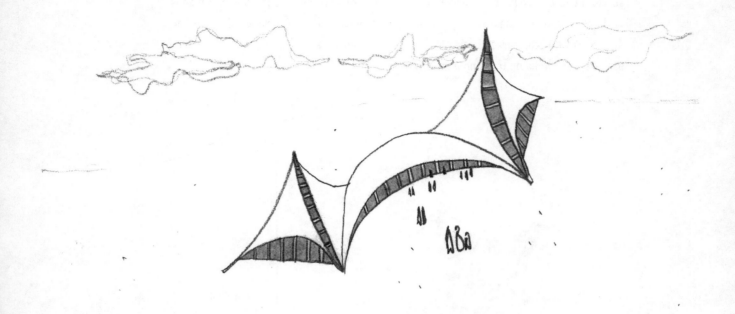

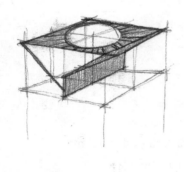

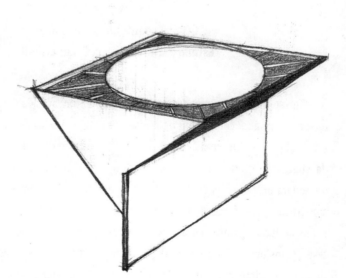

Croqui 31

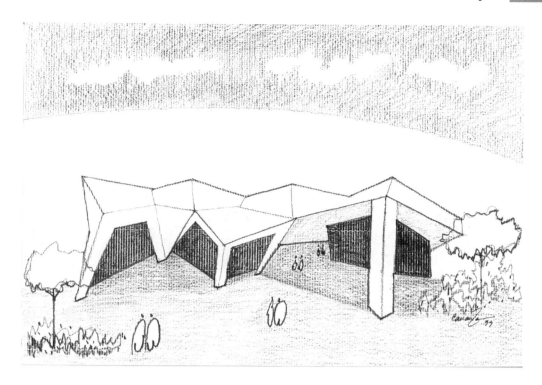

Escalas de representação em arquitetura

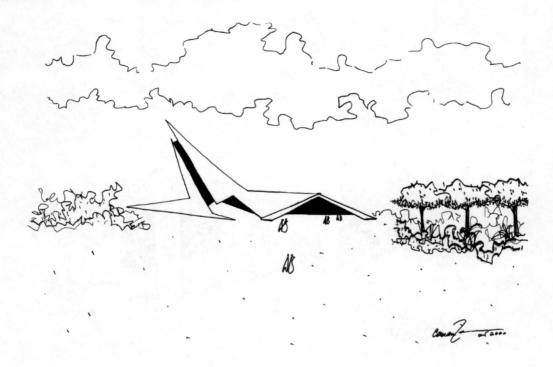

"O desenho é nossa principal linguagem."
Tibau

MATERIAIS DE DESENHO

Para a elaboração de desenhos técnicos, são necessários diversos materiais e instrumentos. Vamos apresentar alguns de uso mais frequente.

ESQUADROS

Esquadros são instrumentos para desenhar, formar ângulos e tirar linhas perpendiculares ou paralelas. Têm a forma de triângulos retângulos. Em arquitetura, são utilizados em acrílico, mas também são confeccionados em metal ou madeira. Usam-se dois tipos de esquadros: com ângulos de 45° e 90°, e 60°, 30° e 90°. Ambos são utilizados para o traçado de linhas retas verticais e inclinadas. Para trabalhos com planos inclinados, como escadas e coberturas, é muito útil o esquadro regulável, que permite variações angulares de uso menos frequente.

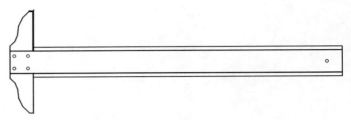

RÉGUA T

Instrumento utilizado para o traçado de linhas, ou para apoio dos esquadros. É utilizado mediante apoio do cabeçote da régua T sobre um dos lados da prancheta.

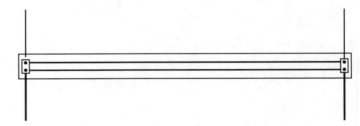

RÉGUA PARALELA

Tem a mesma função que a régua T, sendo mais precisa e de manuseio mais simples. É fixada à prancheta por um sistema de fios, o que permite maior liberdade no uso de esquadros e traçado de linhas.

GABARITO DE CÍRCULOS

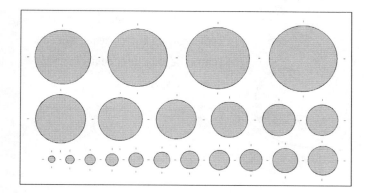

O gabarito de círculos, também conhecido como bolômetro, é utilizado para simbologia de nível em planta, giros de portas, cantos arredondados e como parâmetro auxiliar para desenho de vegetação. Como os círculos têm indicações dos pontos de tangência, sua aplicação tem razoável precisão.

MATA-GATO

Mata-gato, ou máscara de apagador, é um gabarito auxiliar nas correções que exigem maior precisão do desenhista. Os vários tipos de recortes vazados tornam este gabarito mais flexível no interesse do foco da correção.

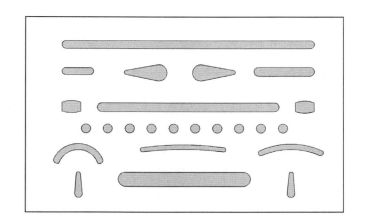

COMPASSO

O compasso é um instrumento utilizado para traçar circunferências, arcos, concordâncias entre arcos e retas e marcar medidas. Possui uma ponta seca para fixar o instrumento na prancheta e outra com grafite e tira-linhas para desenho a nanquim. Alguns modelos permitem o acoplamento de um alongador para desenhos de circunferências com raios maiores. Existe ainda a possibilidade de utilizá-lo com caneta nanquim, mediante acessório acoplado à haste do compasso.

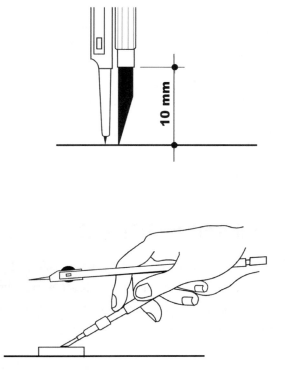

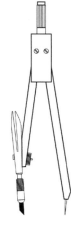

CURVA FRANCESA

Instrumento utilizado para concordâncias de curvas sempre que os centros de raios de circunferência não sejam indispensáveis.

LAPISEIRAS

As lapiseiras são utilizadas tanto para desenhos à mão livre – croquis e desenhos de observação – quanto para desenho técnico. Possuem vários diâmetros – 0,3 mm, 0,5 mm, 0,7 mm e 0,9 mm. É recomendável que se utilizem lapiseiras 0,3 e 0,5 mm para desenhos técnicos com instrumentos, e as demais para desenhos à mão livre. As variações gráficas devem ser obtidas mediante adensamento, o que requer habilidade do desenhista.

BORRACHA

A borracha é uma companheira inseparável do desenhista, pois sem errar não se aprende.

Para desenhos a grafite, é aconselhável o uso de uma borracha macia branca ou verde. Alguns modelos coloridos, anatômicos, também são adequados.

Evite o uso de borrachas para tinta, por serem muito abrasivas danificam o desenho.

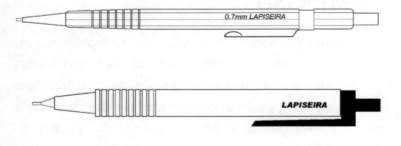

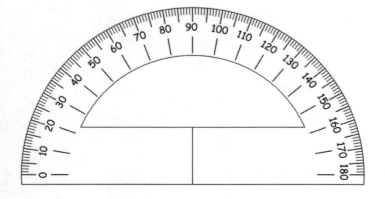

TRANSFERIDOR

O transferidor é um instrumento semicircular, com a borda dividida em 180°, utilizado para medir ou traçar ângulos. É muito útil para o desenho de uma poligonal de terrenos, telhados ou rampas.

GRAFITES

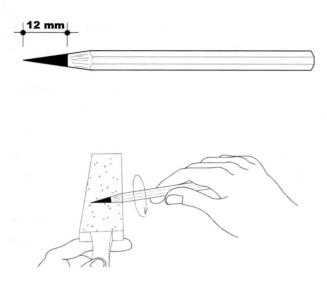

As grafites possuem qualidades que atendem a diferentes objetivos. As da série H são mais duras e secas. Podem ser utilizadas para a montagem do desenho por sua clareza e precisão. Grafites da série B são macias e oleosas. Funcionam bem para croquis, desenhos de observação ou escrita. A grafite HB requer controle na etapa de adensamento de linhas para evitar que borre, por tratar-se de uma grafite macia. Em geral, deve-se montar o desenho com a grafite H, reforçar com HB e sombrear com B. Mas é perfeitamente possível trabalhar apenas com H para desenho técnico em papel manteiga.

O lápis tem caído em desuso pela praticidade das lapiseiras. É interessante comparar: experimente apontar um lápis com cuidado para que a grafite fique cônica e pontiaguda. A qualidade gráfica obtida é superior, apesar do trabalho de constantes retoques na ponta da grafite.

PAPÉIS

Fabricados a partir de fibras vegetais, água e componentes químicos, os papéis possuem características diversas: gramatura – relação de seu peso por metro quadrado (g/m²); espessura – medida de uma face a outra da folha; brancura – graduação em que o papel reflete a luz; opacidade – maior ou menor transparência; e textura de superfície.

Os papéis destinados ao desenho possuem características específicas, tanto para utilização das grafites ou tintas quanto para propiciar resistência à ação abrasiva de borrachas.

Para o desenho técnico de arquitetura, os tipos mais utilizados são:

1. PAPEL MANTEIGA
Papel translúcido, levemente amarelado, 41 g/m², ideal para desenhos à grafite.

2. PAPEL MANTEIGA FOSCO
Papel branco, fosco, 45 g/m², mais poroso, ideal para desenhos à grafite.

3. PAPEL VEGETAL
Papel translúcido, branco, superfície lisa, ideal para desenhos à tinta naquim. Gramaturas de 52,5 a 180 g/m².

Além dos papéis citados, há uma infinidade de outros tipos também destinados ao desenho, porém mais adequados ao desenho artístico, por exemplo: papel "canson", papel "arches", papel "ingres" e papel jornal.

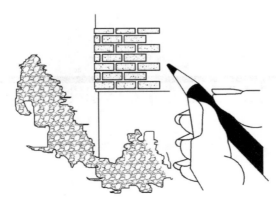

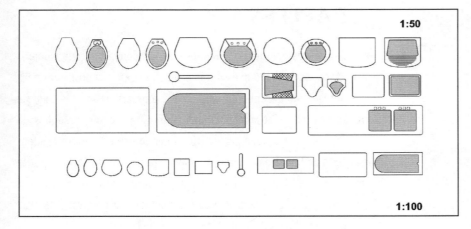

GABARITOS

Os gabaritos são réguas vazadas em acrílico para desenhos de louça sanitária, figuras geométricas, bancadas de cozinha, telhas ou símbolos gráficos. As empresas desenvolvem seus produtos e respectivos gabaritos. Dessa forma, é possível desenhar com precisão as peças de um banheiro, área de serviço ou cozinha. Também são produzidos gabaritos de mobiliário que ajudam no dimensionamento de espaços residenciais ou de escritório.

ESCALÍMETRO

O escalímetro ou escala triangular é um instrumento para conversão das dimensões reais de um objeto para sua devida representação; por exemplo: no caso de uma residência, esta será representada mediante escala de redução; no caso de um parafuso, escala de ampliação. Em arquitetura, geralmente utilizamos as escalas de redução. Por tratar-se de um instrumento de medição, não deve ser utilizado para o traçado. Em arquitetura, o escalímetro mais utilizado possui as seguintes escalas: 1:50, 1:75, 1:100, 1:125 e 1:25, 1:20. Escalímetros para desenhos de topografia possuem escalas de redução da ordem de 1:500, 1:250, por exemplo, em função de seu objeto de referência possuir grandes dimensões, como o lote urbano, parques ou fazendas. Os terrenos mais frequentemente utilizados em arquitetura, o lote urbano, não demandam escalas com reduções superiores a 1:100. No caso de projetos como praças ou conjuntos habitacionais, será preciso utilizar vários tipos de escalas. Mas, a partir dos fatores de redução, compreende-se a utilização tanto de uma escala 1:50, quanto 1:500.

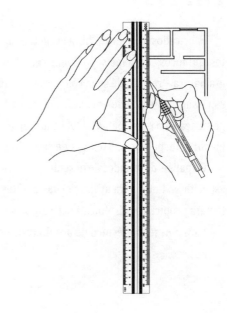

DIFERENCIAÇÃO DAS RÉGUAS DE APOIO

A régua T é utilizada para desenho e apoio de instrumentos, como os esquadros, gabaritos e escalímetros. Atualmente, vem sendo substituída pela régua paralela, que garante melhor o paralelismo, pois não é necessário, como na régua T, sua sustentação com uma das mãos, facilitando o trabalho do desenhista. Assim, na prática, vem a ser um instrumento de maior precisão.

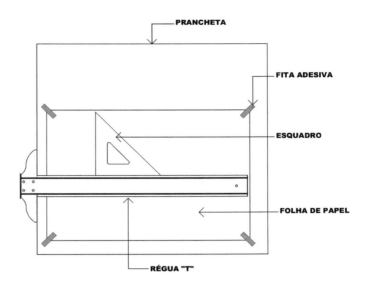

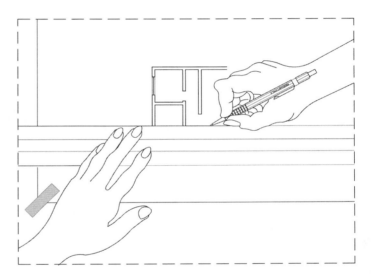

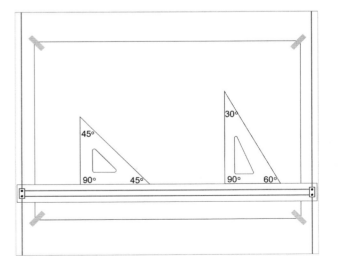

NORMAS DE DESENHO

Desenho técnico é normalizado pela Associação Brasileira de Normas Técnicas (ABNT), que determina os critérios para representação gráfica em arquitetura, de maneira que o produto final, o desenho, tenha um padrão. A padronização é necessária para que o desenho se constitua em uma linguagem, e assim cumpra a função de informar ao corpo técnico – arquitetos, engenheiros, tecnólogos, projetistas, desenhistas, empreiteiros e mestres – as características específicas de uma obra a ser construída. É imprescindível seu conhecimento e aplicação na elaboração de desenhos técnicos de arquitetura. O fato de existir uma norma para desenho permite, por exemplo, a leitura de projetos em revistas internacionais. Se a linguagem fosse arbitrariamente personalizada, seu caráter universal seria reduzido. O presente trabalho fundamenta-se nos critérios fixados pela ABNT.

TIPOS DE LETRAS E NÚMEROS MANUSCRITOS

- Letras: sempre maiúsculas, mas não inclinadas, conforme exemplo:

    ABCDEFGHIJKLMNOPQRSTUVWXYZ

- Números: não inclinados, conforme o exemplo:

    0123456789
    0123456789

- A dimensão das entrelinhas não deve ser inferior a 2 mm.

- As letras e cifras das coordenadas devem ter altura de 3 mm.

TIPOS DE LETRAS E NÚMEROS NO COMPUTADOR (CAD[16])

- Textos pequenos (por exemplo, cotas): 0,02.

    ABCDEFGHIJKLMNOPQRSTUVWXYZ abcdefghijklmnopqrstuvwxyz
    0123456789

- Textos médios (por exemplo, notas explicativas): 0,10.

    ABCDEF . . . VWXYZ abcdef . . . vwxyz
    0123456789

- Textos grandes (por exemplo, nomes de ambientes): 0,25.

    ABCDEF . . . VWXYZ abcdef . . . vwxyz
    0123456789

- Textos em destaques (por exemplo, títulos de pranchas): 0,50.

    ABCDEF . . . VWXYZ abcdef . . . vwxyz
    0123456789

---

[16] *Computer-aided design* (desenho assistido por computador).

TRAÇADO DE LINHAS

Formato A3 – linhas a cada 5 mm.

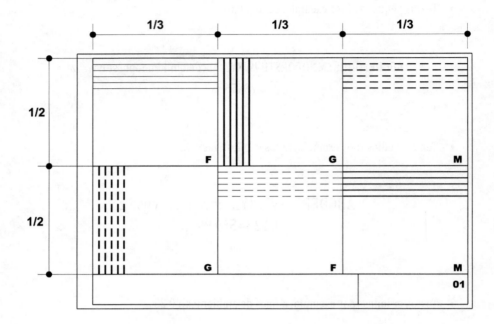

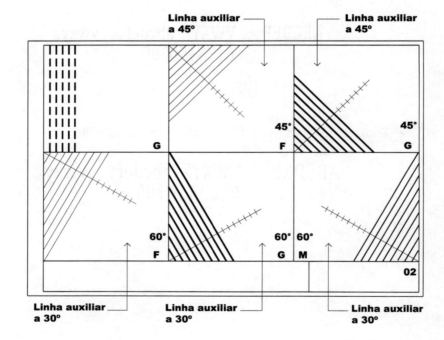

Para o traçado acima, considerar:

F – FINA
M – MÉDIA
G – GROSSA

Nota: a distância entre linhas no exercício é de 5 mm. Observar espessura, uniformidade e precisão do traçado.

Para o traçado abaixo, considerar as mesmas regras da ilustração anterior.

Formato A3 – linhas a cada 5 mm.

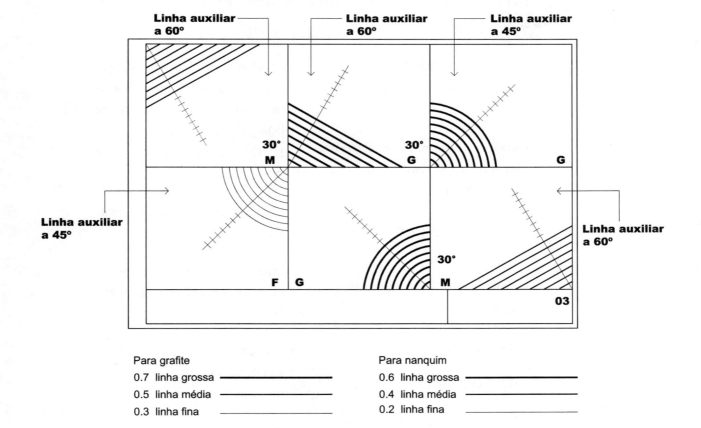

Para grafite
0.7 linha grossa
0.5 linha média
0.3 linha fina

Para nanquim
0.6 linha grossa
0.4 linha média
0.2 linha fina

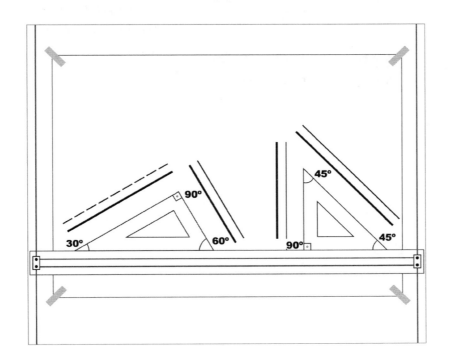

TRAÇADO/GRAFISMO

Para obtenção de bons resultados gráficos em um desenho técnico, é importante observar alguns critérios.

- Traçado – qualidade da linha; observar tonalidade homogênea e espessura constante.

- Grafismo – tipos de linhas; observar critérios (grossa, média, fina, contínua, descontínua).

- Linhas contínuas – arestas e contornos visíveis.

- Linhas tracejadas – arestas e contornos não visíveis.

- Traço fino – observar gradações.

- Traço médio – observar gradações.

- Traço grosso/forte – observar gradações; o traço grosso não é feito de um único golpe, mas por adensamento.

- A espessura atribuída a uma linha desempenha um papel importante na qualidade gráfica do desenho. Os tipos de linha, fina, média e grossa, são básicos e podem ser ampliados. A mesma linha pode ter várias gradações.
Ex.: fina, muito fina, ou grossa, mais grossa etc.

- Lapiseiras 0,3 mm e 0,5 mm – grafite HB e H.

- Lapiseiras 0,7 e 0,9 são mais adequadas ao desenho à mão livre. Adote grafites da série B.

- Procedimentos: montar o desenho com lapiseira 0,3H – traço fino; reforçar o que for necessário.

- Procure girar a lapiseira, durante o traçado, para que o desgaste da grafite se faça por igual e o traçado resulte uniforme.

LINHAS

Linhas de contorno
Contínuas (±0,6 mm).

Linhas internas
Contínuas e firmes, porém de menor valor que as linhas de contorno, conforme o exemplo (±0,4 mm).

Linhas situadas além do plano do desenho
Tracejadas, mesmo valor que as linhas de eixo, conforme o exemplo (±0,2 mm).

Linhas de projeção – traço e dois pontos
Quando se tratar de projeções importantes, devem ter o mesmo valor que as linhas de contorno. São indicadas para representar projeções de pavimentos superiores, marquises, balanços, etc., conforme exemplo (±0,2 mm).

Linhas de eixo ou coordenadas – traço e ponto

Firmes, definidas, com espessura inferior às linhas internas e com traços longos, conforme exemplo (±0,2 mm).

Linhas de cotas – contínuas

Firmes, definidas, com espessura igual ou inferior à linha de eixo ou coordenadas, conforme exemplo (±0,2 mm).

Linhas auxiliares – contínuas

Para a construção de desenhos, guia de letras e números, com traço; o mais leve possível, conforme exemplo (±0,1 mm).

SIMBOLOGIA

Os desenhos técnicos devem ser elaborados conforme simbologias padronizadas.

Simbologia de indicação de nível em planta.

Simbologia de indicação de nível em corte.

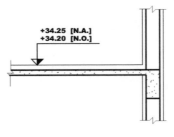

PLANTA
Escala 1:50

Cotas de nível
As cotas de nível são sempre em metro.
N.A. – Nível acabado.
N.O. – Nível em osso (sem acabamento).

CORTE
Escala 1:50

Linhas de interrupção de desenho
Mesmo valor que as linhas de eixo, conforme exemplo (±0,2 mm).

Linhas de indicação e chamadas – contínuas
Mesmo valor que as linhas de eixo, conforme exemplo (±0,2 mm).

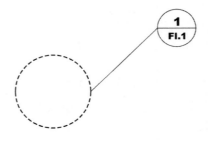

Simbologia de indicação de corte em planta
A letra "A" indica a sequência dos cortes.
As letras "FL" são acompanhas do número de folha em que se encontra desenhado o corte no conjunto de folhas do projeto.

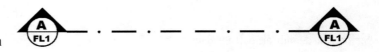

Simbologia de indicação de fachada
O número "1" indica a sequência das fachadas.
As letras "FL" são acompanhadas do número de folha em que se encontra desenhada a fachada no conjunto de folhas do projeto.

Indicação de eixos em planta
Na indicação de eixos verticais, utiliza-se numeração (1,2,3,4...) e, na indicação de eixos horizontais, utiliza-se sequência alfabética (A,B,C...).

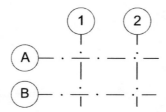

Simbologia de indicação de detalhes construtivos

Em projetos executivos, é usual utilizar simbologia de indicação de acabamentos: círculo para piso, losango para rodapé, triângulo para parede e quadrado para teto.

A numeração indica o tipo de acabamento conforme tabela a ser desenvolvida para um determinado projeto.

Título de desenho

A norma determina a numeração de desenhos utilizando-se um círculo.

Simbologia para indicação de escala gráfica.

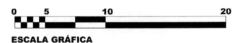

N – Norte verdadeiro: utiliza o Polo Norte como referência 0°.

NM – Norte magnético: pode ser utilizado somente na fase de estudos preliminares; é menos preciso, pois a agulha da bússola é atraída pelo campo magnético da Terra.

FORMATOS

As normas NBR 8403 e NBR 10068 regulamentam as dimensões dos formatos a serem utilizados nos desenhos, que têm uma relação ergonômica de proporcionalidade.

Formatos	Dimensões (em mm)	Margem (em mm) Esquerda	Margem (em mm) Direita	Espessura da linha (em mm) conforme NBR 8403
A0	841 x 1.189	25	10	1,4
A1	594 x 841	25	10	1,0
A2	420 x 594	25	7	0,7
A3	297 x 420	25	7	0,5
A4	210 x 297	25	7	0,5

FORMATOS: PADRÕES INTERNACIONAIS

A4: carta, ofício, papel de cópias, papel químico e carbono, circular, apostilas, papel almaço, lista de preços, folheto de propaganda, boletim, apólices de seguro, diploma, certificados, certidões, atestado, carta de crédito, desenhos, diagramas, memorial descritivo etc.

A5: memorando, convites, duplicata, nota promissória, aviso de vencimento, receita médica, papéis de cópia, comunicação interna etc.

A6: cartão postal, livro de bolso, caderneta de venda, cheque, recibo, etiqueta, convite etc.

A7: cartão comercial, cartão de visitas, fichas, etiquetas, cartões, crachás.

Citados os formatos mais usados, ainda temos exemplos para formatos A10, que são os selos e as fotos 3x4.

Normas de desenho 53

CONCEITO DE MÓDULO

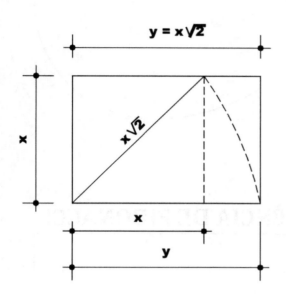

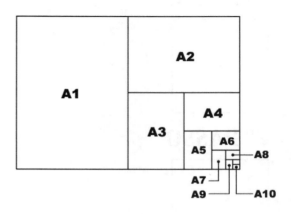

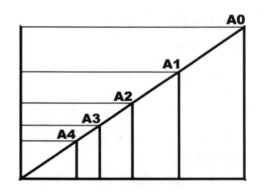

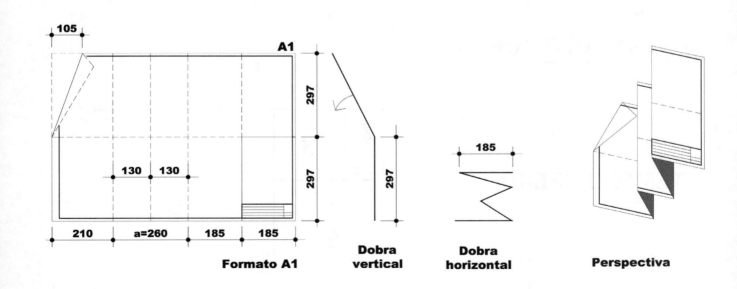

Formato A1   **Dobra vertical**   **Dobra horizontal**   **Perspectiva**

PROPORÇÃO ÁUREA 1.618

1° PASSO
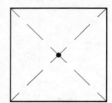

2° PASSO
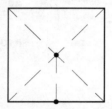

3° PASSO
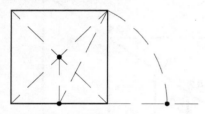

4° PASSO
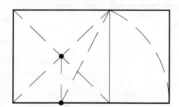

RETÂNGULO ÁUREO
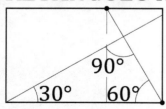

TEMPLO GREGO
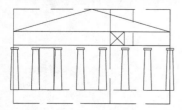

ESPIRAL DE FIBONACCI
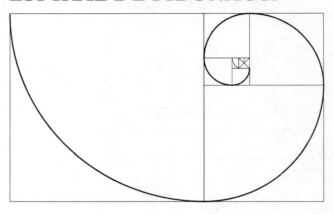

SEQUÊNCIA DE FIBONACCI
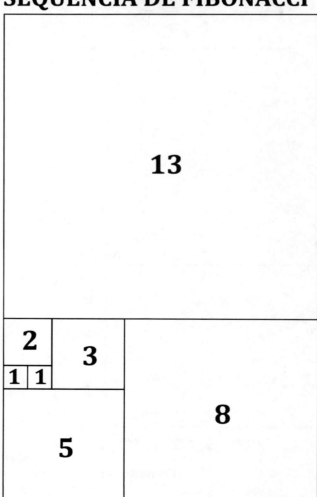

DIAGRAMAÇÃO

Considerar as principais dimensões de perímetro do objeto a ser desenhado. Lembrar que a cotagem também deve ser contemplada; definir o centro geométrico (CG) do campo; a partir do CG traçar eixos – vertical e horizontal, com linha muito suave – lapiseira 0,3 mm H; somar as medidas dos desenhos – atenção com unidade: converter para centímetros, e subtrair da dimensão do campo, dividir o resultado pelo número de espaços; marcar as dimensões nos eixos; traçar os contornos.

As medidas devem estar na mesma escala do desenho, isto é, se o desenho estiver na escala 1:50, o campo (espaço na folha) deve ser medido na mesma escala para procedimentos de diagramação.

$$\frac{X - D1}{2} = a1$$

$$\frac{y - (D2 + D3)}{3} = b1$$

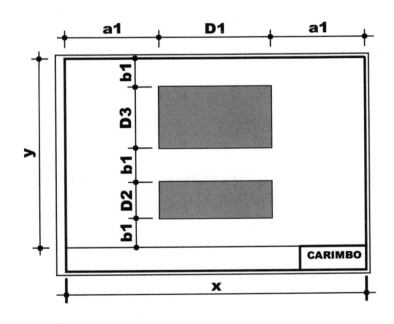

ORIENTAÇÃO DOS FORMATOS EM RELAÇÃO À POSIÇÃO DO CARIMBO

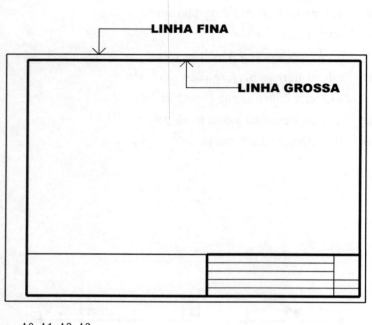
A0, A1, A2, A3

A4

MODELO DE CARIMBO PARA FORMATOS ABNT
MEDIDAS EM MILÍMETROS

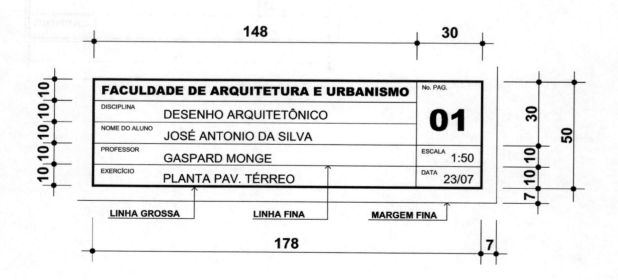

COTAGEM

É a indicação das medidas em verdadeira grandeza (VG), do objeto representado em qualquer escala. Portanto, seja o objeto reduzido ou ampliado, enquanto representação, sua proporção é mantida, bem como suas medidas.

A cotagem é um dado imprescindível para um projeto executivo, anteprojeto e projeto de prefeitura. O estágio de cotagem deve ser feito com extrema atenção para se evitar erros que comprometam a execução da obra.

Elementos de cotagem: linha de cota; linhas de referência; linhas limites ou símbolos e valor numérico.

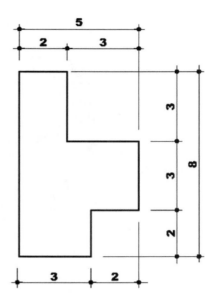

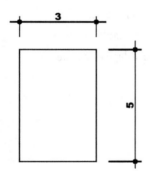

1. Linha de cota

É contínua e fina (de menor espessura no desenho). A linha de cota será, sempre que possível, colocada à direita e abaixo do desenho, observando uma distância uniforme entre a linha de cota e o desenho. Mas, se necessário, é usual contornar todo o desenho.

As cotas são organizadas sempre das parciais para as totais.

2. Linha de referência

São perpendiculares às linhas de cota e, para maior clareza gráfica, convém que sejam afastadas do desenho.

3. Linhas (símbolos) de limite

São linhas e símbolos que interceptam as linhas de cota e de referência.

Deverão estar sempre paralelas e centralizadas em relação à linha de cota. Todos os valores numéricos deverão corresponder a uma unidade padrão: metro, centímetro, milímetro.

Em desenho de arquitetura, utiliza-se tanto a linha inclinada quanto o ponto. A seta é utilizada em desenho mecânico.

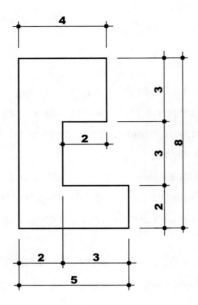

As linhas de cota devem estar fora do desenho sempre que possível.

As linhas de chamada devem ficar de 2 mm a 3 mm afastadas do desenho.

As cifras devem ter de 2 mm a 3 mm de altura, e o espaço entre elas e a linha de cota deve ser em torno de 1,5 mm.

Quando o espaço não for suficiente para o valor numérico, colocar a cota ao lado ou acima, indicando seu local exato com uma linha.

Nos cortes verticais, somente cotar alturas, salvo exceções, por exemplo, quando determinada medida não é legível em nenhuma outra situação.

Evitar, sempre que possível, a duplicação de cotas.

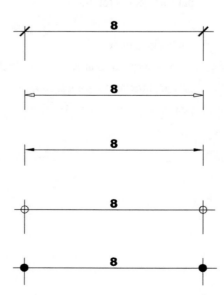

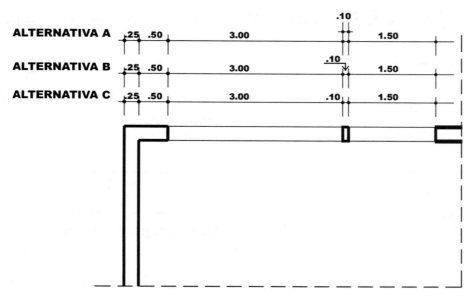

Exemplo de cotagem de pequenas dimensões

As cotas devem ser indicadas em metro (m) para as dimensões iguais ou superiores a 1 m, e para dimensões inferiores a 1 m, adota-se o ponto antes da medida. Ex. .50; .90. As cotas devem, ainda, atender às seguintes orientações:

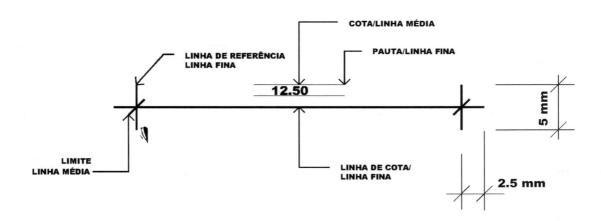

REPRESENTAÇÃO DE MATERIAIS CONFORME A NBR 6492, ABR. 1994

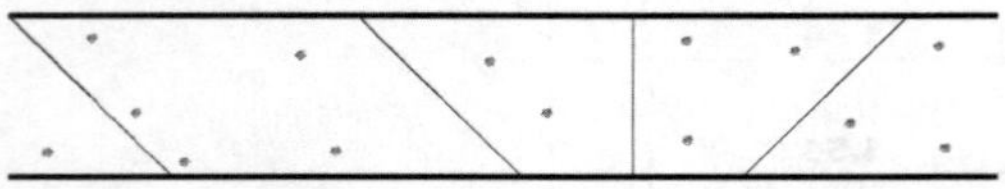

Concreto em vista

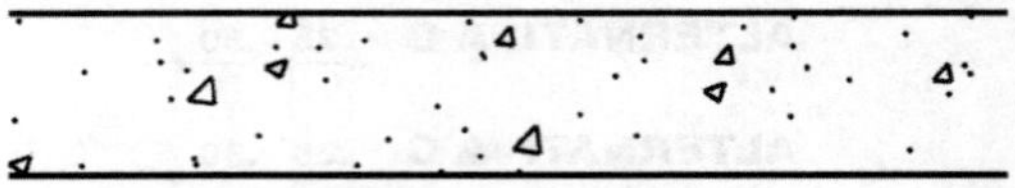

Concreto em corte

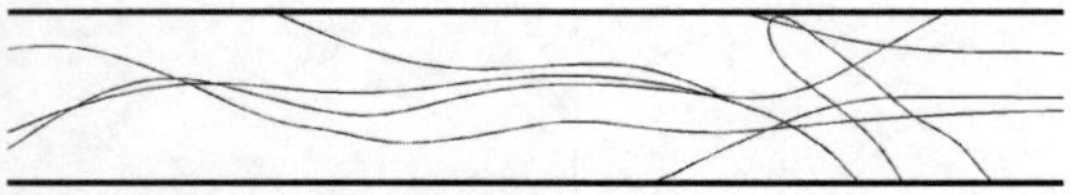

Mármore ou granito em vista

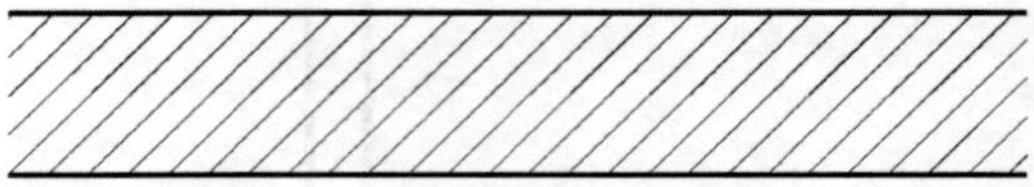

Mármore ou granito em corte

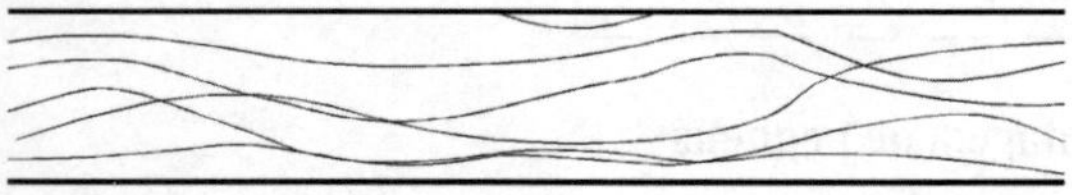

Madeira em vista

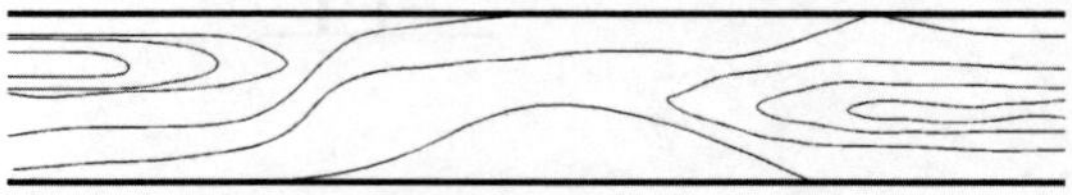

Madeira em corte

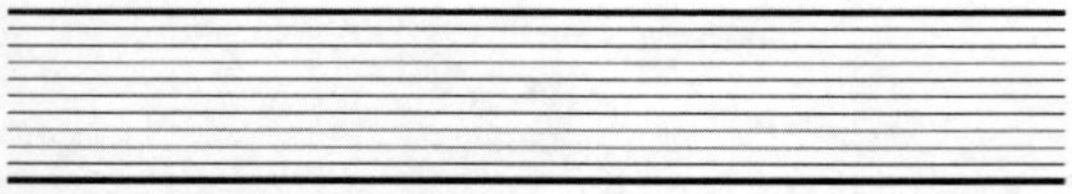

Madeira compensada

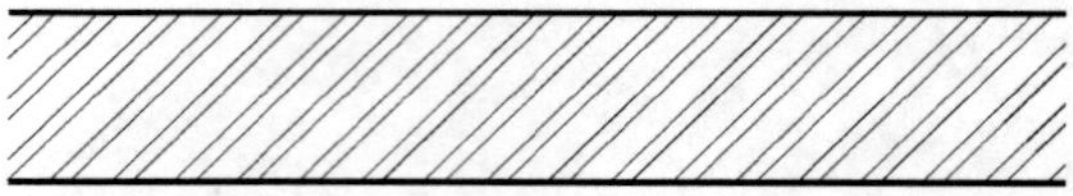

Aço em corte

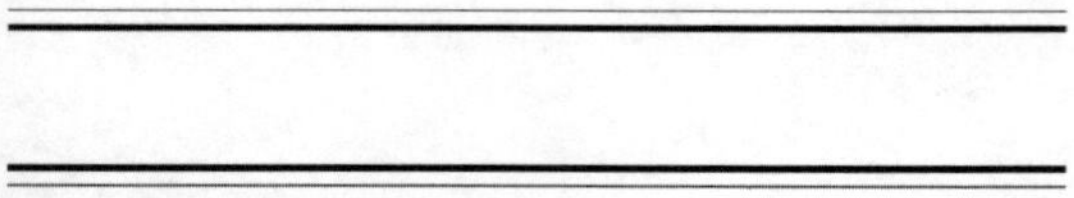

Alvenaria em corte

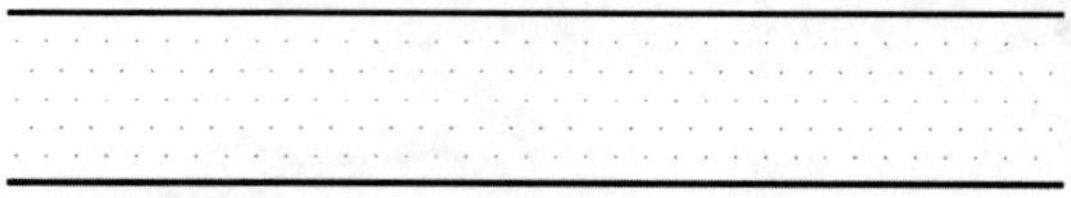

Argamassa

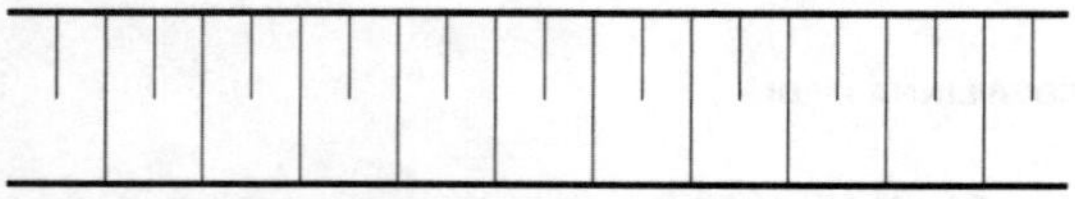

Talude em vista

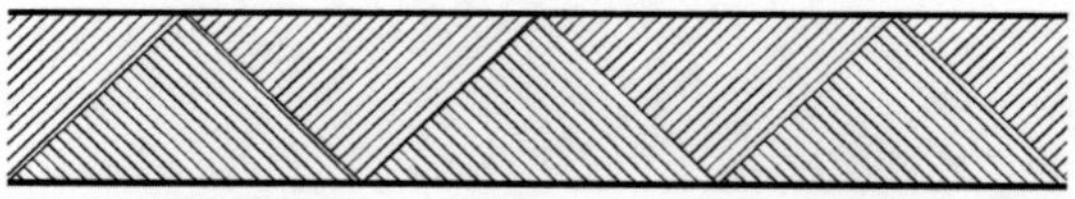

Corte ou aterro

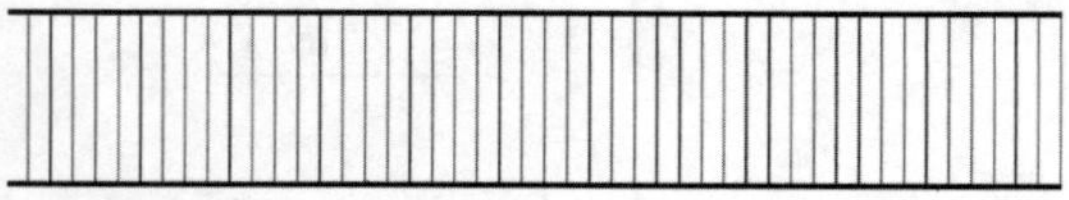

Enchimento de piso

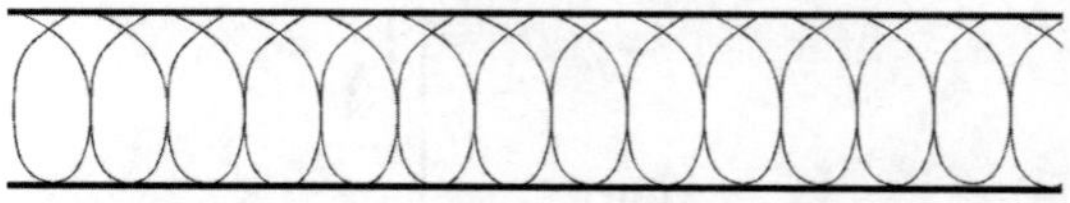

Isolamento termo – acústico

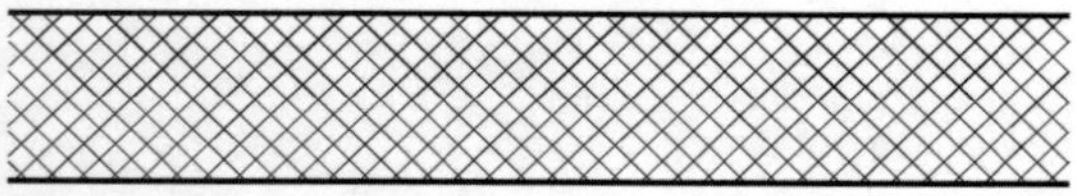

Borracha, vinil, neoprene, mastique

FÓRMULAS

Seguem algumas fórmulas para cálculo de perímetro e áreas de algumas das principais figuras geométricas planas.

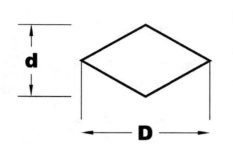

LOSANGO

$A = \dfrac{D \cdot d}{2}$

A = Área

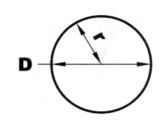

CIRCUNFERÊNCIA

$A = \pi \cdot R^2$
$P = \pi \cdot D$

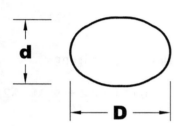

ELIPSE

$A = \dfrac{D \cdot d \cdot \pi}{4}$

$P = \dfrac{\pi \sqrt{D^2 + d^2}}{2}$

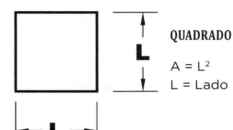

QUADRADO

$A = L^2$
L = Lado

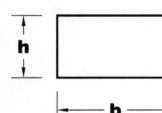

RETÂNGULO

$A = b \cdot h$

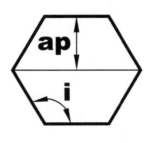

HEXÁGONO REGULAR

P = Perímetro
Ap = Apótema
i = Ângulo interno
n = n° de lados

$i = \dfrac{180° \, (n° - 2)}{n}$

$A = \dfrac{P \cdot Ap}{2}$

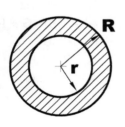

COROA CIRCULAR

$A = \pi \, (R^2 - r^2)$

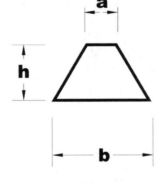

TRAPÉZIO

$A = \dfrac{a + b}{2} \cdot h$

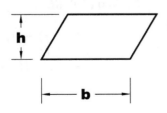

PARALELOGRAMO

$A = b \cdot h$

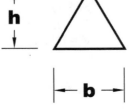

TRIÂNGULO

$A = \dfrac{b \cdot h}{2}$

VOLUMES E SÓLIDOS GEOMÉTRICOS

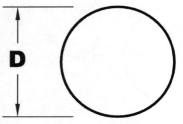

ESFERA

$A = D^3 \cdot \pi$
$V = \dfrac{D^3 \cdot \pi}{6}$

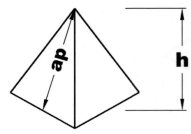

PIRÂMIDE

$Al = P \cdot ap$
$V = \dfrac{B \cdot h}{3}$
$At = \dfrac{P \cdot ap + B}{2}$

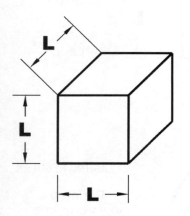

CUBO

Al = Aresta lateral
$Al = 4 L^2$
At = Aresta total
$At = 6 L^2$
L = Lado
V = Volume
$V = L^3$

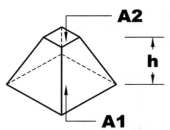

TRONCO DE PIRÂMIDE

$V = \dfrac{h (A1 + A2 + \sqrt{A1 \cdot A2})}{3}$

$V = \dfrac{h\, A1 + A2}{2}$

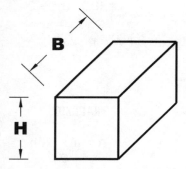

PARALELEPÍPEDO

P = Perímetro
$Al = Ph$
B = Área da base
$At = Ph + 2B$
$V = b \cdot h$

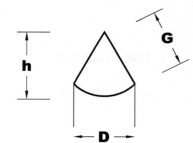

CONE

G = Geratriz
$At = R \cdot \pi (G + R)$
R = Raio
$V = R^2 \cdot \pi \cdot h$
$A = R \cdot \pi \cdot G$

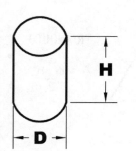

CILINDRO

$Al = D \cdot \pi \cdot h$
$At = D \cdot \pi (h + R)$
$V = R^2 \cdot \pi \cdot h$

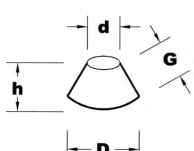
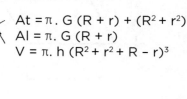

TRONCO DE CONE

$At = \pi \cdot G (R + r) + (R^2 + r^2)$
$Al = \pi \cdot G (R + r)$
$V = \pi \cdot h (R^2 + r^2 + R - r)^3$

ESCALAS

A escala é a relação de proporcionalidade entre a dimensão do objeto representado e a dimensão do objeto real. Essa relação pode ser de redução, ampliação e natural.

Escala natural (1:1): o objeto é representado em verdadeira grandeza (VG).

Escala de redução (1:X): o objeto é representado segundo um determinado fator de redução, por exemplo: 1:10, 1:20, 1:50. Nesse caso, a unidade metro, representada pelo número 1, será dividida pelo fator de redução – 10, 20 ou 50. Seria como se medíssemos uma sala e depois dividíssemos cada dimensão por 50, teríamos, assim, o ambiente reduzido 50 vezes, sem prejuízo de suas relações de proporcionalidade, mantendo, de forma fidedigna, sua representação. O mesmo acontece quando tiramos uma fotografia para um documento. Embora tenhamos nosso rosto reduzido, a imagem é fidedigna porque mantém, com precisão, todas as relações de proporcionalidade.

Escala de ampliação (X:1): o objeto é representado segundo um determinado fator de ampliação, por exemplo: 2:1, isto é, cada dimensão do objeto é multiplicada por 2.

A NBR 8196/1983 recomenda algumas escalas para uso em desenhos técnicos, tanto para redução quanto para ampliação, conforme quadro abaixo.

CATEGORIA	ESCALAS RECOMENDADAS		
Escalas de ampliação	50:1 5:1	20:1 2:1	10:1
Escala natural	1:1		
Escalas de redução	1:2 1:20 1:200	1:5 1:50 1:500	1:10 1:100 1:1.000 1:10.000

Escalas de representação em arquitetura

Para avaliarmos qual a escala mais adequada para um desenho, é interessante estudar o nível de detalhe a ser representado testando uma ou mais de uma escala; uma implantação deve ter acessos e aberturas legíveis, mas as portas e janelas podem ser esquemáticas; em uma planta de execução, por sua vez, a caixilharia deve ser representada com detalhes de montantes e batentes; tais critérios condicionam a escala para um e outro caso; a indicação da escala deve sempre estar junto ao título do desenho.

As escalas mais usuais para desenho de arquitetura são:

Escalas 1:100 e 1:125 – o metro é dividido em 10 partes e a menor fração equivale a 10 cm.

Escalas 1:50 e 1:75 – o metro é dividido em 20 partes e a menor fração equivale a 5 cm.

Escalas 1:20 e 1:25 – o metro é dividido em 50 partes e a menor fração equivale a 2 cm.

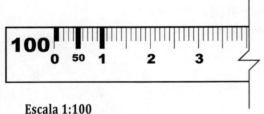

Escala 1:100

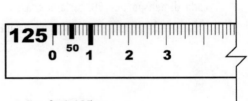

Escala 1:125

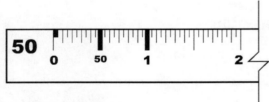

Escala 1:50

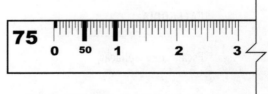

Escala 1:75

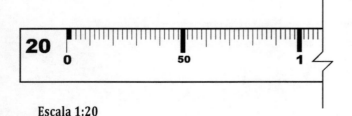

Escala 1:20

Escala 1:25

PROJEÇÃO ORTOGONAL

Escalas de representação em arquitetura

Construir, projetar e desenhar são atividades inter-relacionadas. Construir pressupõe um projeto. Os edifícios, para serem representados, precisam ser traduzidos para o plano bidimensional de representação.

Podemos definir projeção ortogonal como o método em que os planos de um objeto são transportados do espaço real para o plano de representação mediante projeções de arestas a 90°. Trata-se de traduzir um objeto tridimensional em planos bidimensionais. Assim, o objeto é lançado no espaço de um cubo virtual e cada um dos seus planos é projetado, a partir de suas arestas, sobre cada uma das faces do cubo. Conforme o método das projeções, os planos com mudança de direção a 90° não são visíveis. Quando o ângulo entre os planos do objeto for maior que 90°, este será visível e haverá uma redução na sua dimensão. Ao planificarmos esse cubo, cada uma das vistas estará representada em uma determinada ordem. O método não se propõe a reproduzir os objetos como os vemos, mas como eles devem ser representados para orientar, com precisão, sua correta interpretação.

A prática mostrará que essa ordenação e colocação das vistas é imprescindível para a compreensão do objeto a ser construído. Ainda que, na prática, os desenhos sejam feitos em folhas separadas, suas correspondências sempre devem ser observadas. Essa sistemática é indispensável. Considerando de forma simplificada a convenção, temos, na figura abaixo o percurso de um observador, caminhando a partir da frente de uma casa indicada pela seta vista frontal.

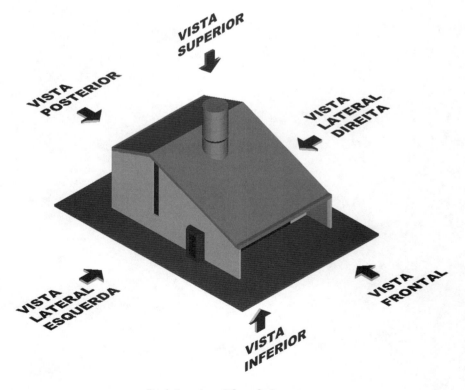

Projeto – Arq. Eduardo Longo

Quando o observador caminha para o seu lado esquerdo, vê a casa no sentido da seta vista lateral esquerda. Continuando, ele encontrará a vista no sentido da seta vista posterior. Ao prosseguir, ele encontrará o lado direito da casa e que corresponde à seta vista lateral direita e daí retornará ao ponto de partida. Em resumo, considerando-se o observador diante da casa, as vistas laterais direita e esquerda correspondem à direita e esquerda do observador.

Vista inferior

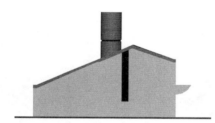

Vista lateral direita

Vista frontal

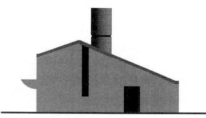

Vista lateral esquerda

Vista superior

Vista posterior

REPRESENTAÇÃO DE SUPERFÍCIES INCLINADAS E CURVAS

No método das projeções ortogonais para planos inclinados, a dimensão desses planos se altera em função da variação angular.

A representação de superfícies curvas é feita a partir da marcação de distâncias iguais na planta ou vista superior. A projeção dos pontos irá determinar o espaçamento das linhas na elevação. É possível, ainda, sem prejuízo do método, excluir algumas linhas da faixa central para reforçar o efeito da curvatura.

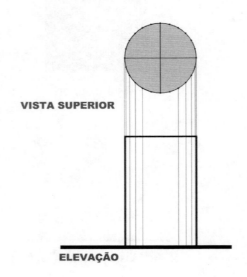

EXERCÍCIO 1 – VOLUME GEOMÉTRICO COM PLANO INCLINADO

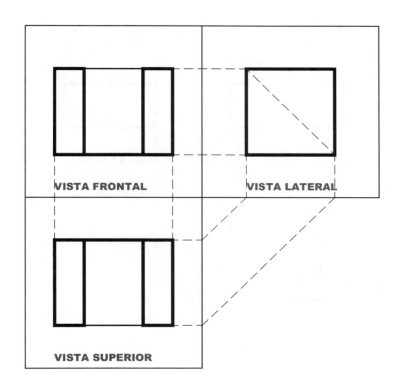

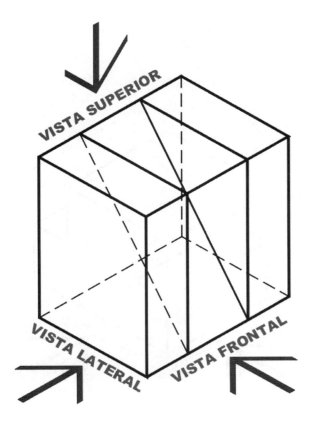

EXERCÍCIO 2 – VOLUME GEOMÉTRICO ESCALONADO

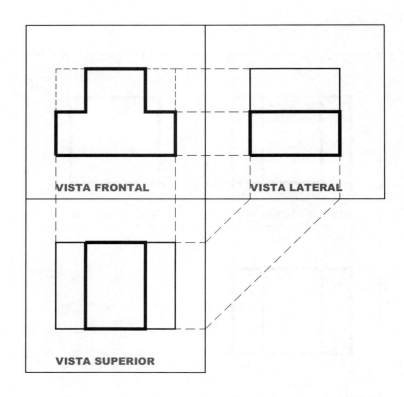

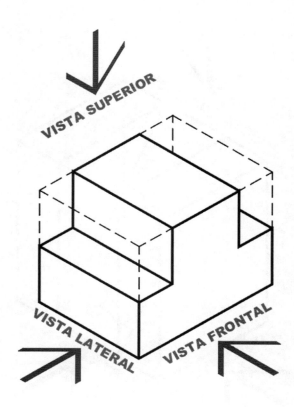

EXERCÍCIO 3 – VOLUME GEOMÉTRICO ESCALONADO EM DESNÍVEL

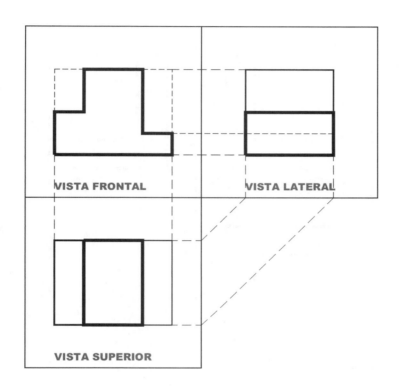

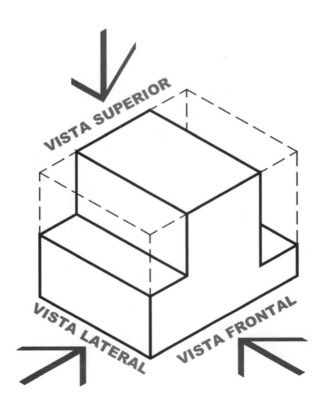

EXERCÍCIO 4 – VOLUME GEOMÉTRICO COM PLANOS ORTOGONAIS

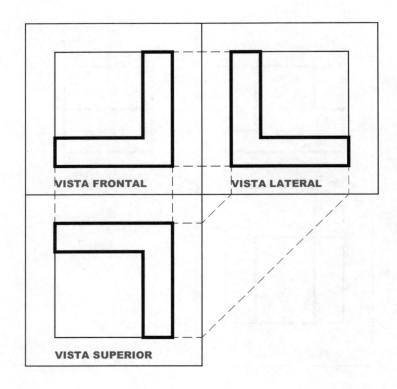

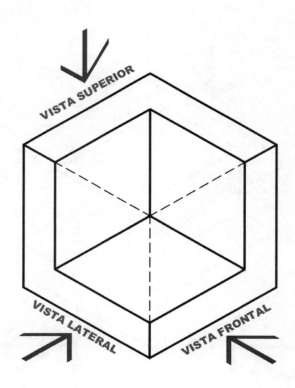

EXERCÍCIO 5 – CRIAR A PARTIR DE UM VOLUME GEOMÉTRICO

Para o desenvolvimento de formas arquitetônicas, é viável estabelecer uma base geométrica para o controle da forma. A partir de um cubo, por exemplo, em uma escala adequada, com diagonais e mediatrizes representadas como linhas auxiliares, experimente desenvolver algumas formas básicas, tendo em vista um determinado uso.

Observe também o processo de projeto de Peter Eisenman (1932, Nova Jersey). Não pretendemos ser dogmáticos em relação à criação de formas arquitetônicas, mas a afirmação "eu acredito que a pintura, a escultura e a arquitetura precisam de formas controladas"[17] de Theo van Doesburg, merece ser objetivamente testada.

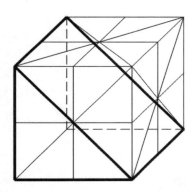 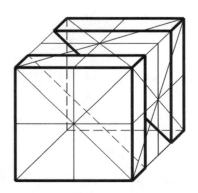 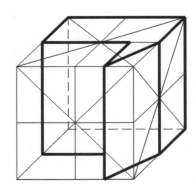

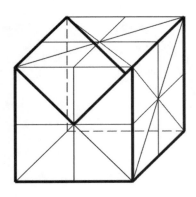 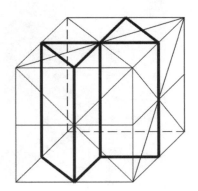 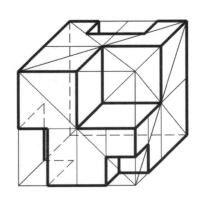

[17] Doesburg (1994).

74 Escalas de representação em arquitetura

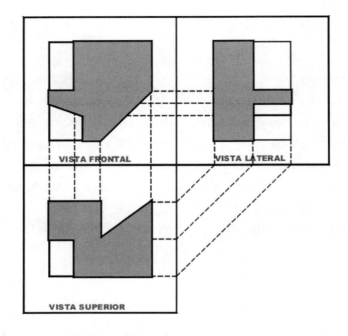

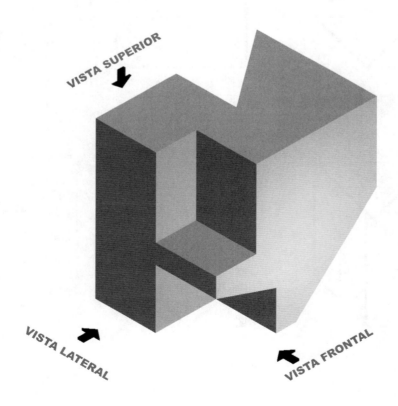

CORTES E ELEVAÇÕES

CORTES

O projeto arquitetônico consiste na representação detalhada de um edifício a ser construído. Além de apresentá-lo externamente, mediante elevações ou vistas, é indispensável secioná-lo de forma a tornar visíveis os elementos internos. Cortes são uma combinação de superfícies secionadas e vistas. Não confundir com seção, pois, neste caso, só a superfície cortada é representada. Na figura ao lado, vê-se o plano AB que seciona o objeto. Retirando-se uma das partes secionadas – aquela que antecede o plano secante, ou plano de corte –, tem-se a visualização da parte interna do objeto e que corresponde ao corte AB. Para representar a parte diametralmente oposta, teríamos o corte BA. A convenção de cortes é sempre da esquerda para a direita. Com o corte, além de representarmos as partes internas do objeto, devemos, ainda, representar os materiais que as constituem. Cortes são desenhos complexos que associam seções e vistas. São feitos quantos forem necessários de forma a atender o nível de complexidade do projeto.

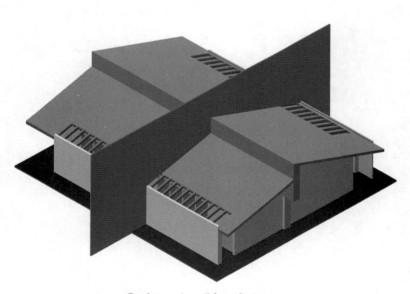

Projeto – Arq. Eduardo Longo

Cortes e elevações 77

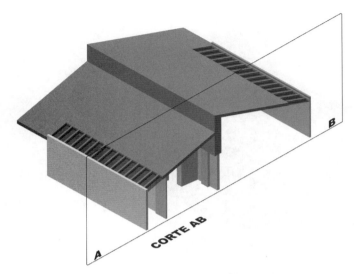

Plano corte AB

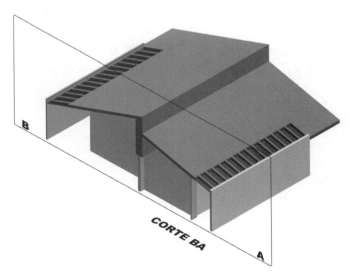

Plano corte BA

CORTE HORIZONTAL: PLANTA

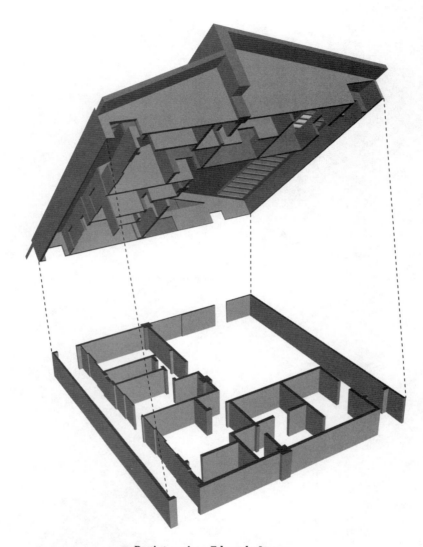

Projeto – Arq. Eduardo Longo

Cortes e elevações

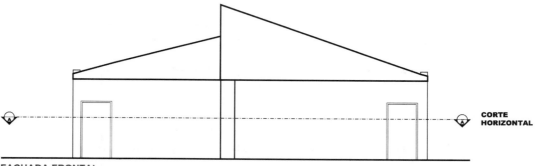

FACHADA FRONTAL
PLANO DE CORTE HORIZONTAL (PLANTA)

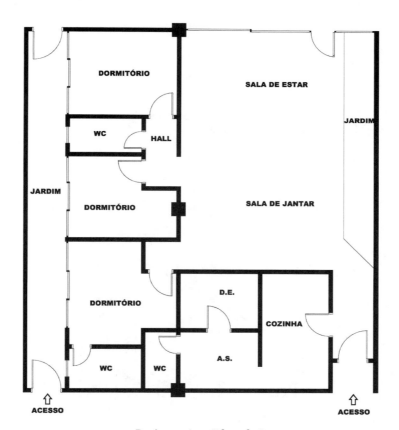

Projeto – Arq. Eduardo Longo

EXERCÍCIO 6 – PARALELEPÍPEDO: CORTES EM UM VOLUME DE SEÇÃO RETANGULAR

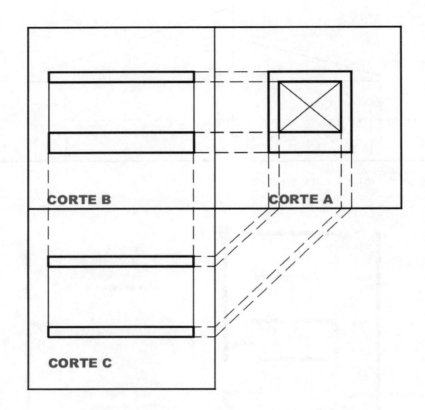

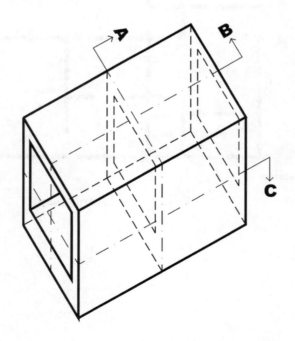

Cortes e elevações 81

EXERCÍCIO 7 – CILINDRO: CORTES EM UM VOLUME DE SEÇÃO CIRCULAR

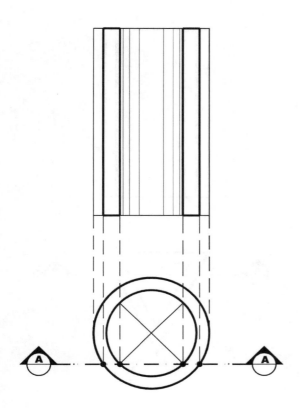
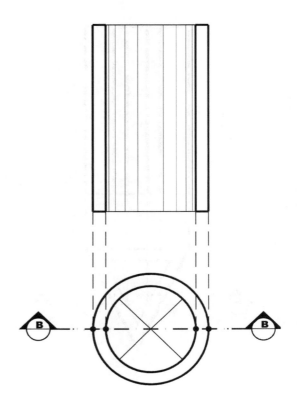

EXERCÍCIO 8 – PRISMA: CORTES EM UM VOLUME DE SEÇÃO TRIANGULAR

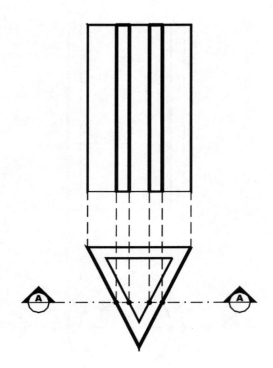
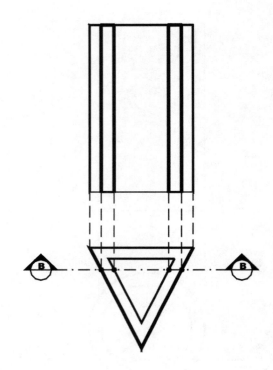

EXERCÍCIO 9 – TRONCO DE PIRÂMIDE: CORTES EM UM VOLUME PIRAMIDAL SEXTAVADO

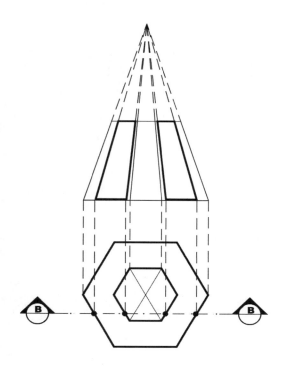
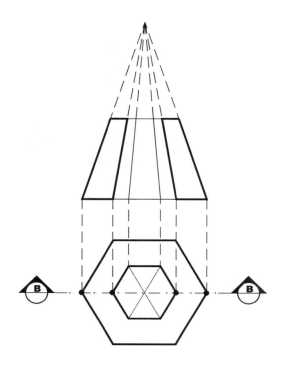

EXERCÍCIO 10 – TRONCO DE CONE: CORTES EM UM VOLUME DE SEÇÃO CIRCULAR VARIÁVEL

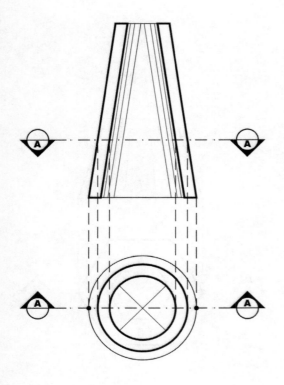
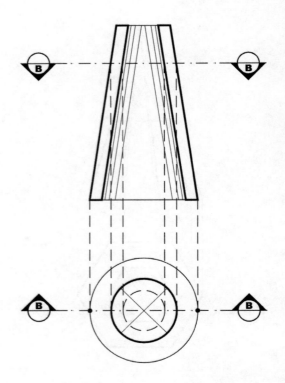

EXERCÍCIO 11 – CORTES EM UM VOLUME GEOMÉTRICO ESCALONADO

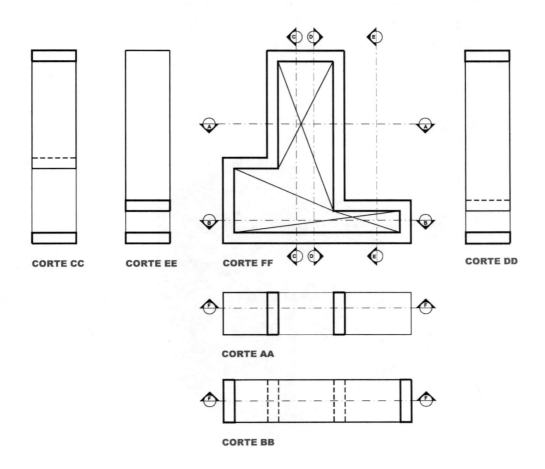

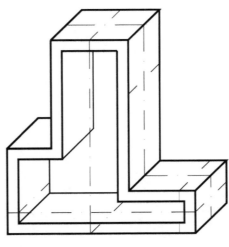

PERSPECTIVA

EXERCÍCIO 12 – EDIFICAÇÃO 1

Desenhar planta, cortes e elevações da edificação, com critérios gráficos e de projeção ortogonal. Desenhos de arquitetura são representações de edifícios a serem construídos.

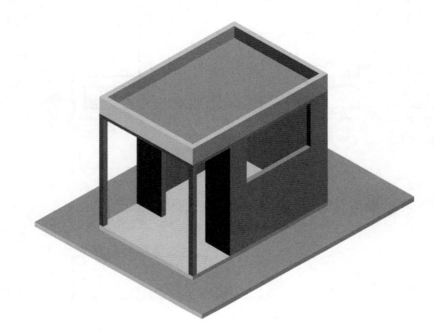

Cortes e elevações 87

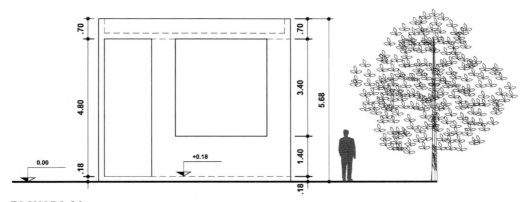

FACHADA 01

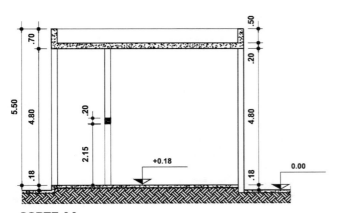

CORTE AA

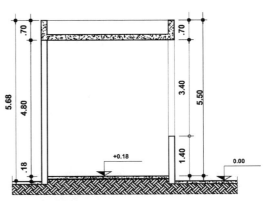

CORTE BB

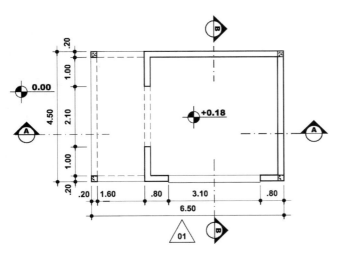

PLANTA

EXERCÍCIO 13 – DESENHO DE ESQUADRIAS DE MADEIRA: PORTAS DE ABRIR

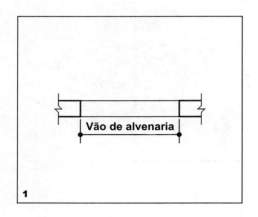

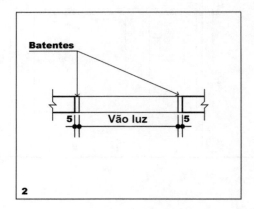

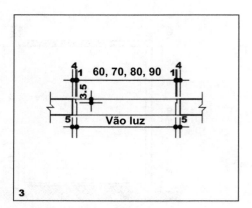

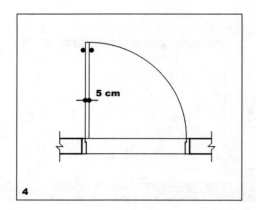

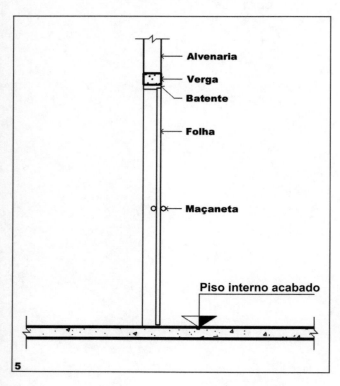

Considerar para escala de 1:50:
batentes e folha de porta com 5 cm;
batentes e folha de porta: traço médio;
verga h = 10 cm;
porta h = 2.10 cm;
vãos e alvenaria dimensões conforme o projeto: traço grosso.

EXERCÍCIO 14 – DESENHO DE ESQUADRIAS METÁLICAS CAIXILHO TIPO MÁXIMO AR

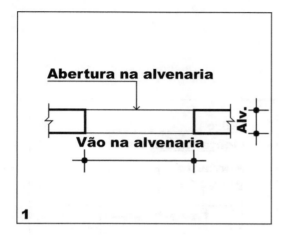

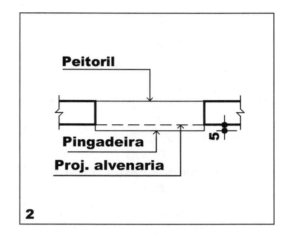

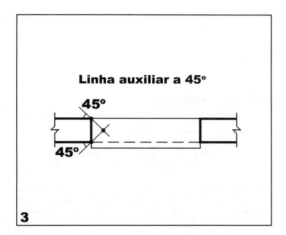

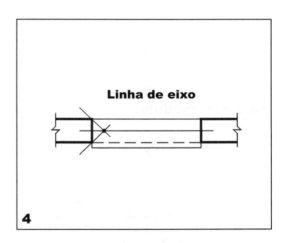

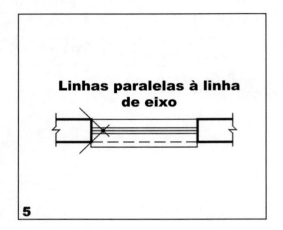

5

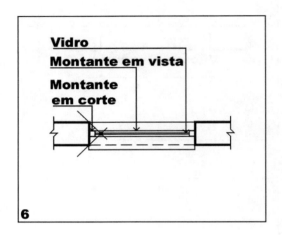

6

com dois módulos

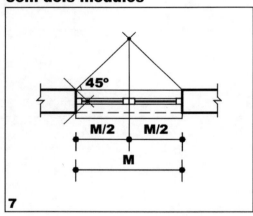

7

com três módulos

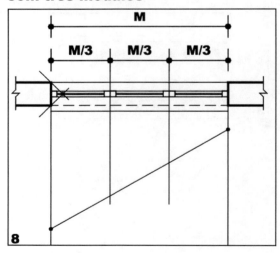

8

Cortes e elevações   91

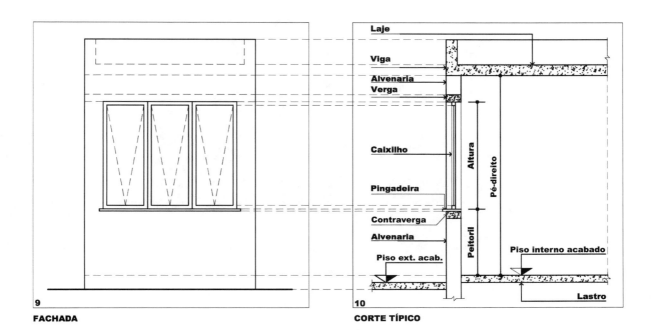

FACHADA   **CORTE TÍPICO**

A – considerar vão conforme o projeto;
B – considerar alvenaria conforme projeto;
C – montante do caixilho ▢ considerar 5 cm;
D – detalhe da pingadeira e = 3 cm, avanço = 5 cm;
obs.: montar o desenho com linhas finas e depois reforçar conforme critérios gráficos;
E – os caixilhos podem ser projetados pelo eixo ou alinhados pelas faces da alvenaria – interna ou externa.

EXERCÍCIO 15 – EDIFICAÇÃO 2

Desenhar planta, cortes e elevações da edificação, com critérios gráficos e de projeção ortogonal. Desenhos de arquitetura são representações de edifícios a serem construídos.

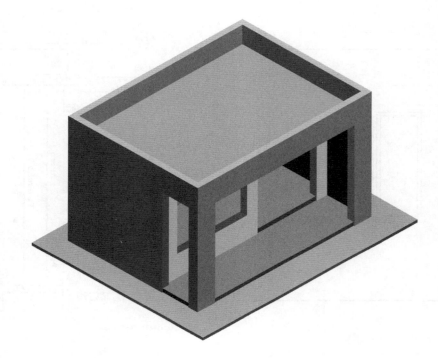

Cortes e elevações 93

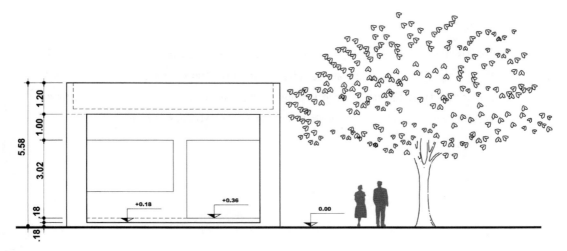

FACHADA 01

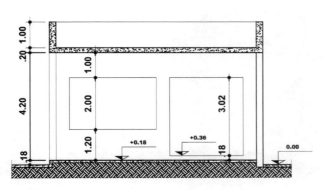

CORTE BB

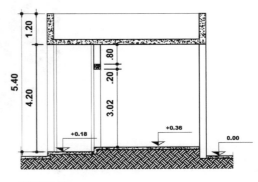

CORTE AA

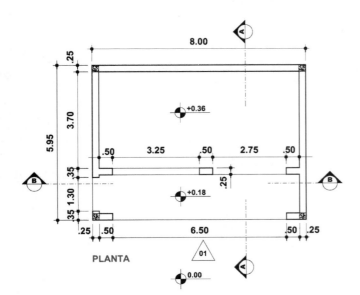

PLANTA

EXERCÍCIO 16 – EDIFICAÇÃO 3

Desenhar planta e cortes da edificação. Observar que, em função da laje de cobertura inclinada, as dimensões do corte transversal deverão ser obtidas mediante projeção direta do corte longitudinal. A marcação do corte transversal sobre o longitudinal deve ser feita criteriosamente, a partir de medidas extraídas da planta.

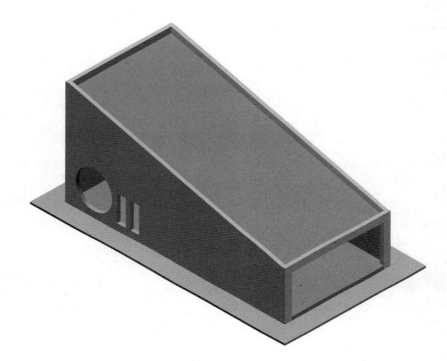

Cortes e elevações 95

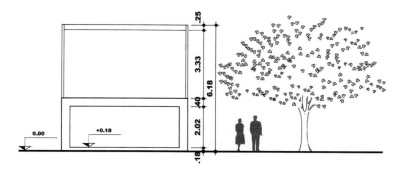

FACHADA 01

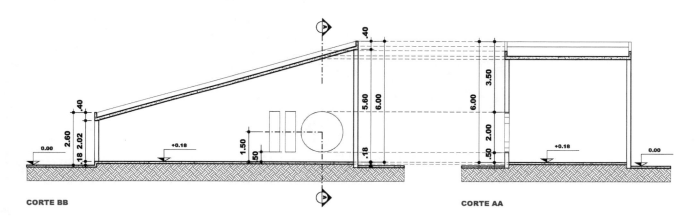

CORTE BB   **CORTE AA**

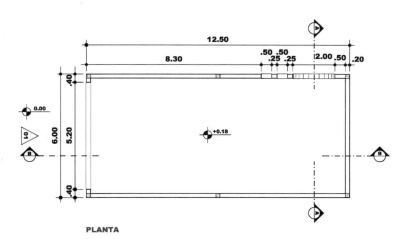

PLANTA

EXERCÍCIO 17 – EDIFICAÇÃO 4

Desenhar planta, cortes e elevações da edificação, com critérios gráficos e de projeção ortogonal. Neste exercício, serão aplicados critérios de corte com mudança de direção.

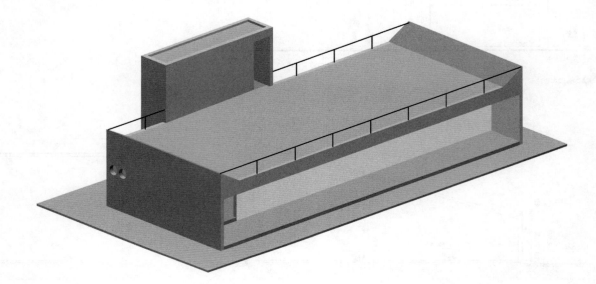

Cortes e elevações 97

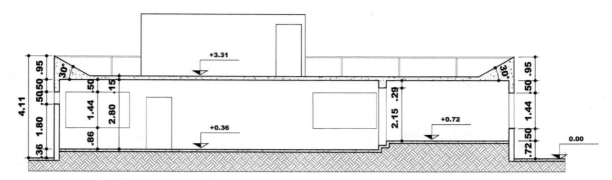

CORTE AA (COM MUDANÇA DE DIREÇÃO)

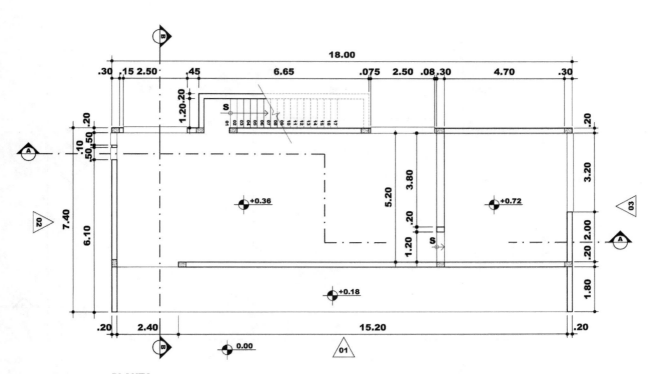

PLANTA PILARES .20 x .30 m

Escalas de representação em arquitetura

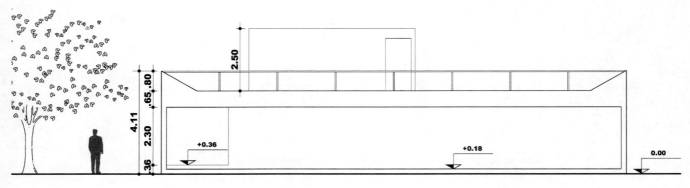

FACHADA 01

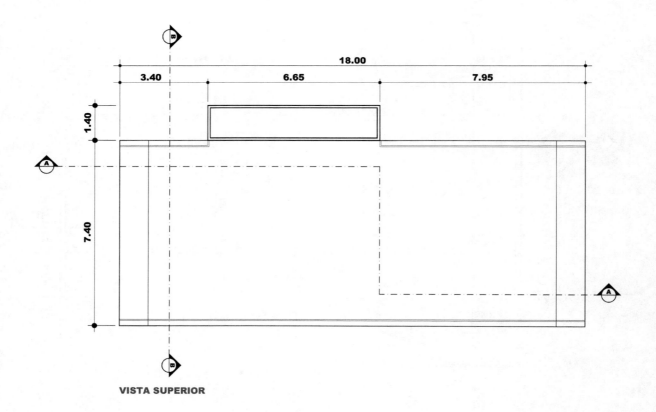

VISTA SUPERIOR

Cortes e elevações 99

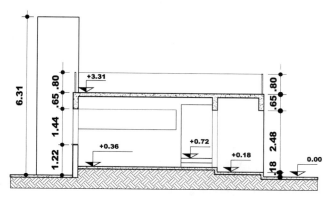

CORTE BB

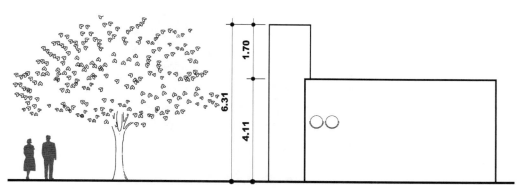

FACHADA 02

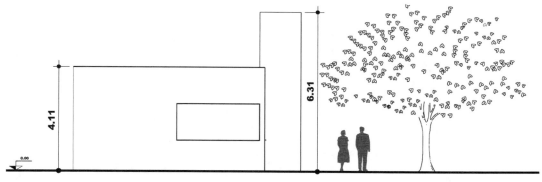

FACHADA 03

EXERCÍCIO 18 – EDIFICAÇÃO 5

Desenhar planta, cortes, elevações e vista superior da edificação, com critérios gráficos e de projeção ortogonal. Nesse exercício, vamos desenvolver critérios de dimensionamento de uma escada em "L".

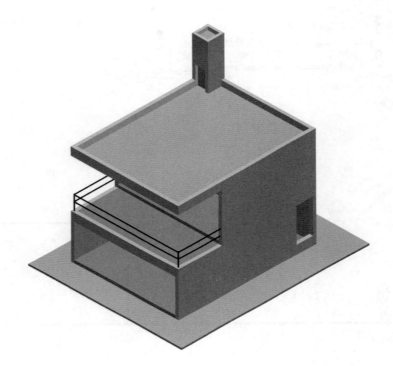

Cortes e elevações 101

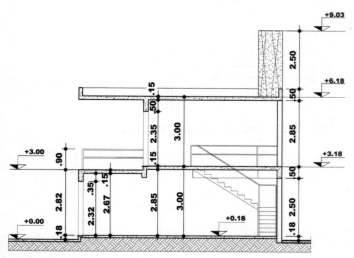

CORTE AA

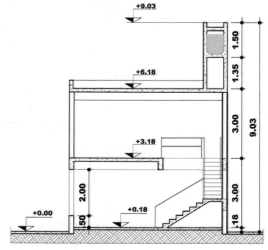

CORTE BB

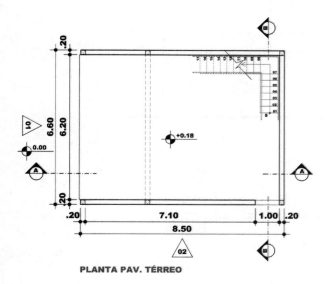

PLANTA PAV. TÉRREO

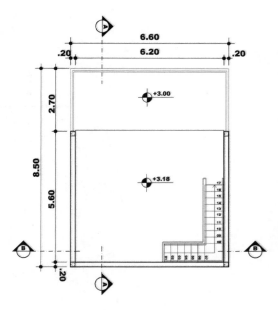

PLANTA PAV. SUPERIOR

Escalas de representação em arquitetura

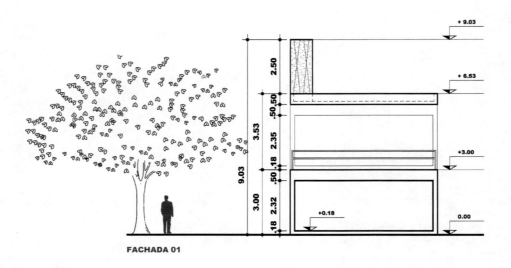

FACHADA 01

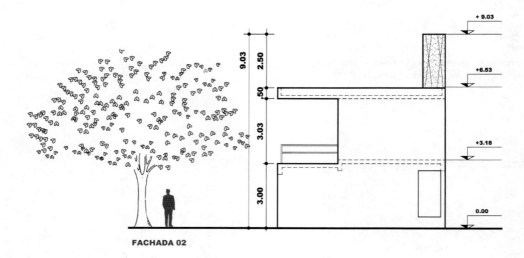

FACHADA 02

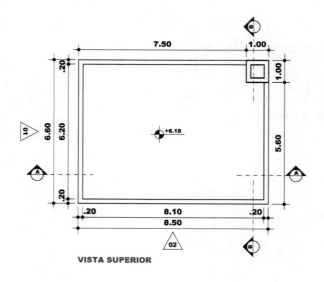

VISTA SUPERIOR

ELEVAÇÕES

As elevações são desenhos extremamente relevantes, tanto para a concepção de um projeto como para sua execução. Devemos destacar a importância entre cheios e vazios para a devida compreensão da solução plástica. Os vidros devem ser escurecidos, e as vedações e demais elementos, em tons mais claros. As texturas de materiais, a escala humana, e uma referência paisagística, são igualmente indispensáveis para a justa avaliação das proporções e equilíbrio da solução proposta. Elevações também devem ter referência de nível e cotagem. Um desenho técnico sem medidas perde sua função.

• ABERTURAS

Os vidros nas elevações deverão ser escurecidos a grafite e esfuminho (pelo verso do desenho). Utilizar lapiseira 0,9 mm/2B. Fazer uma máscara com durex ou fita crepe, evitando manchar o desenho, é uma boa medida.

• ESCALA HUMANA

Lançar escala humana, esquemática, nas elevações, estimar altura em torno de 1,70 m.

• REFERÊNCIA PAISAGÍSTICA

Desenhar ao menos uma árvore, esquematicamente, nas elevações. Ver capítulo sobre vegetação.

Escalas de representação em arquitetura

FACHADA FRONTAL

Projeto G&C Arquitectônica Ltda.
Reciclagem de uso: projeto de uma agência bancária
em uma residência eclética (construída em 1907)

PLANIALTIMETRIA

Os terrenos geralmente possuem desníveis, fazendo com que a interpretação das diferentes alturas seja vital para o desenvolvimento do projeto. A configuração de um terreno, seus desníveis, medidas, ângulos e entorno são fundamentais para a concepção de um projeto. O terreno também determina, muitas vezes de forma decisiva, o partido arquitetônico e os custos da obra. O terreno deve ser objeto de um levantamento completo elaborado por um profissional, devidamente habilitado na área de topografia, responsável pelo levantamento planialtimétrico.

A planialtimetria é o desenho da projeção horizontal de um terreno, que além das medidas e ângulos contempla, também, a orientação do terreno em relação aos pontos cardeais. Com esse dado, o arquiteto terá condições de projetar levando em conta a posição do Sol e a direção dos ventos nas diferentes épocas do ano.

Ao nos encontrarmos em um ponto qualquer da Terra, a direção que nos une aos polos Norte e Sul chama-se Norte-Sul verdadeira ou geográfica (norte verdadeiro, NV); a direção dada pela agulha imantada chama-se Norte-Sul magnética (norte magnético, NM) e sua precisão é comprometida por diversos fatores, por exemplo: depósitos de minérios de ferro ou linhas de alta – tensão.[18]

---

[18] Borges (1977).

Planialtimetria

A topografia de um terreno é representada pelo levantamento de suas curvas de nível. O estudo das seções transversais e longitudinais são condicionantes para a tomada de decisão quanto ao partido arquitetônico a ser adotado. Neste exemplo, procuramos evidenciar que as medições feitas por meio de distâncias horizontais iguais podem determinar alturas desiguais, nisto resulta o perfil do terreno. Quanto mais próximas as curvas de nível, mais íngreme a declividade.

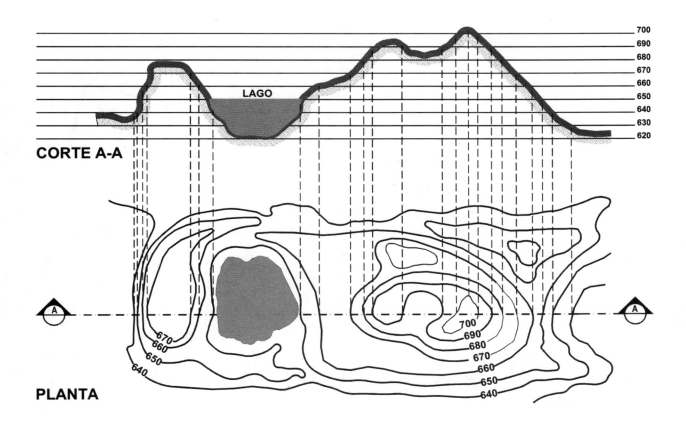

TERRENO EM DECLIVE

Um terreno em declive possui cotas de nível decrescentes a partir do nível da rua. Curva de nível é a linha imaginária que representa pontos de mesma altura em um terreno. São demarcadas a intervalos regulares, por exemplo, a cada 5 m, e podem variar dependendo das características do terreno.

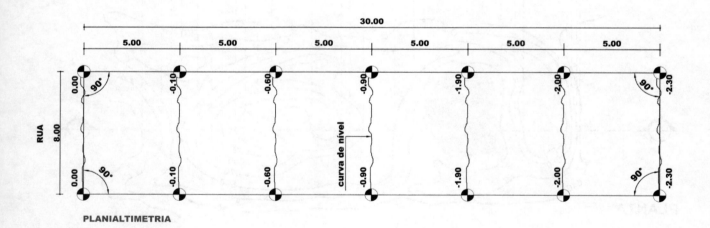

PLANIALTIMETRIA

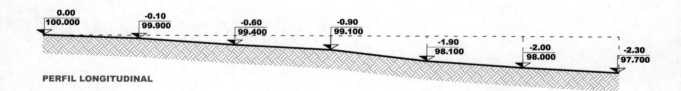

PERFIL LONGITUDINAL

TERRENO EM ACLIVE

Um terreno em aclive possui cotas de nível crescentes a partir do nível da rua.

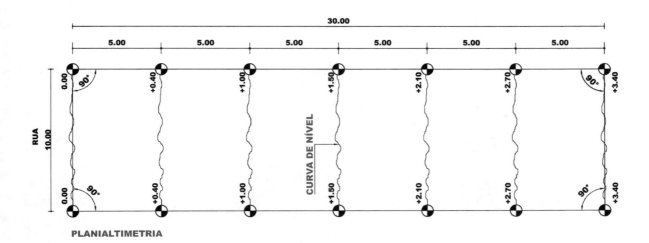

PLANIALTIMETRIA

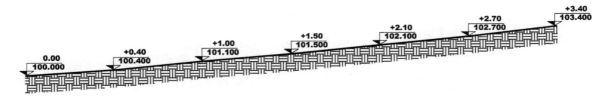

PERFIL LONGITUDINAL

IMPLANTAÇÃO DE EDIFICAÇÃO EM TERRENOS COM ACLIVES E DECLIVE

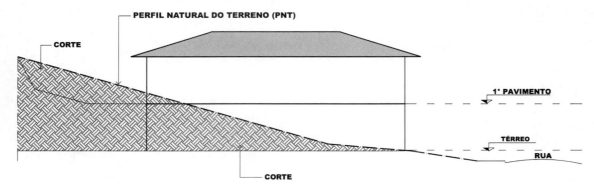

Residência com térreo + 1º pavimento: sobrado

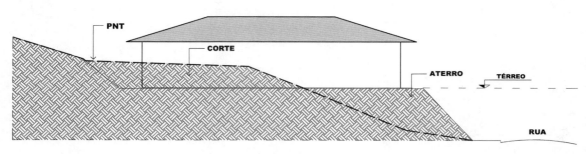

Residência térrea

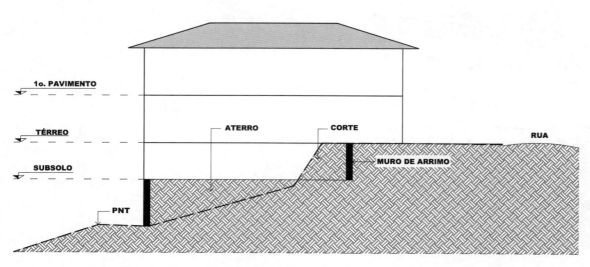

Residência com pavimento térreo, 1º pavimento e pavimento em subsolo

NOMENCLATURA

Os desenhos de um projeto executivo de arquitetura são associados à nomenclatura específica, ou seja, os termos técnicos que compõem o vocabulário de uma profissão. É recomendável que os estudantes consultem sempre um dicionário, como o *Dicionário da arquitetura brasileira* (CORONA; LEMOS, 1998) ou o *Dicionário ilustrado de arquitetura* (ALBERNAZ; LIMA, 2000).

Vejamos o significado da palavra cumeeira, por exemplo, na interpretação dos dicionários:

"Cumeeira: parte mais alta do telhado onde se encontram as superfícies inclinadas que constituem as águas e, também, a grande peça de madeira, situada na extremidade superior dos telhados, que une os vértices das tesouras e onde se apóiam os caibros do madeiramento da cobertura."[19]

"Cumeeira: 1. Aresta superior do telhado. É também chamada cumeada ou cume. 2. Nos vigamentos do telhado, peça disposta no vértice das tesouras, unindo-as. Sobre ela apóia-se uma das extremidades dos caibros; em geral está apoiada no topo do pendural. Nos vigamentos de madeira tem frequentemente seção retangular 6 cm x 16 cm. É também chamada pau-comprido e pau-de-fileira."

Nos dois desenhos, a seguir, edificação térrea e edifício em altura, estão indicados os termos técnicos mais frequentes. Sugerimos que o estudante visite o canteiro de obras, estude, com desenhos e fotos, as soluções técnicas e compare com os verbetes nas bibliografias.[20]

---

[19] Corona e Lemos (1998, p. 156).
[20] Albernaz e Lima (2000, p. 193).

Nomenclatura

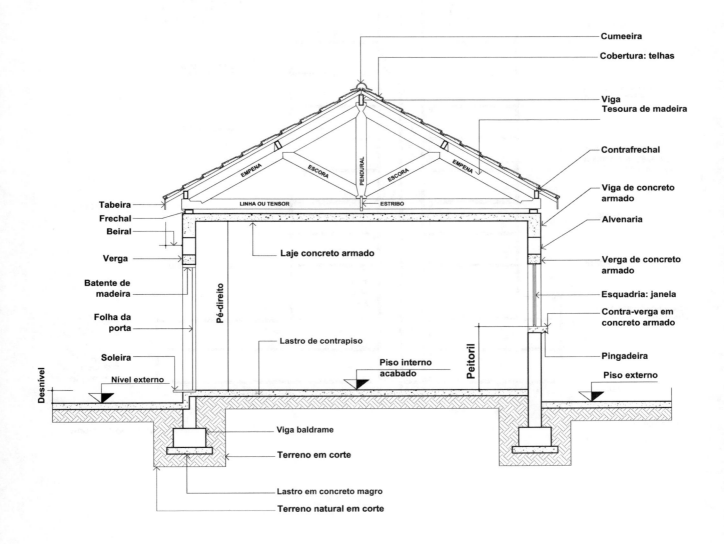

CORTE ESQUEMÁTICO DE UM EDIFÍCIO RESIDENCIAL EM ALTURA

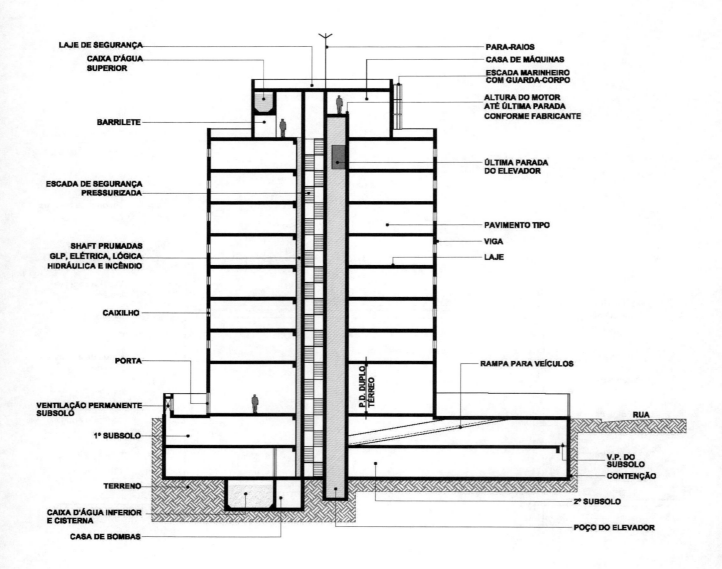

PROJETO EXECUTIVO DE ARQUITETURA

O projeto executivo representa a fase final de um projeto de arquitetura e é o objetivo final de todo o processo. Como o próprio nome indica, o projeto executivo servirá ao propósito da execução ou construção do edifício. Os desenhos executivos são necessariamente complexos e exigem um maior grau de organização e sistematização de informações. Nos escritórios de arquitetura, o projeto executivo é visto com extrema atenção, pois qualquer falha repercutirá na obra. O projeto que não for devidamente desenvolvido, em toda sua complexidade, estará fadado a uma execução deficiente. O exemplo a seguir é um anteprojeto resumido aos seus desenhos básicos, mas suficientes. Note que as elevações são cotadas, com informações de acabamentos e níveis. Observe a cotagem, níveis, simbologia e detalhes construtivos. Um desenho de arquitetura com informações, dimensões e especificações deficientes compromete a qualidade de sua função construtiva.

EXERCÍCIO 19 – IMPLANTAÇÃO, PLANTAS, CORTES E ELEVAÇÕES

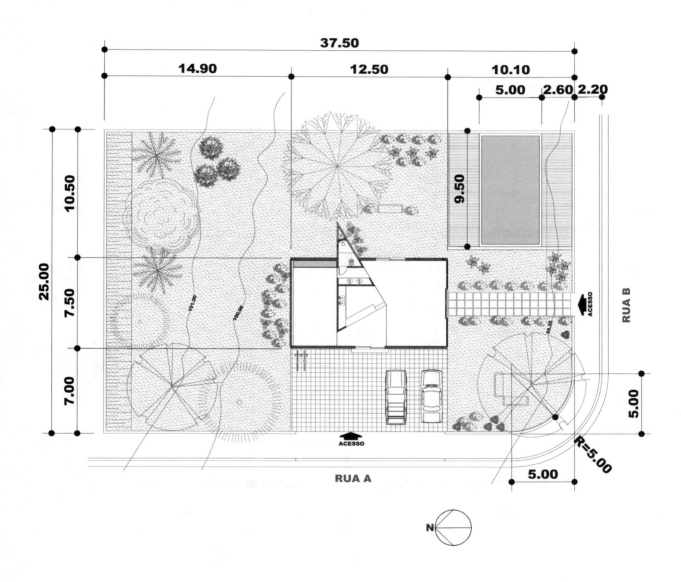

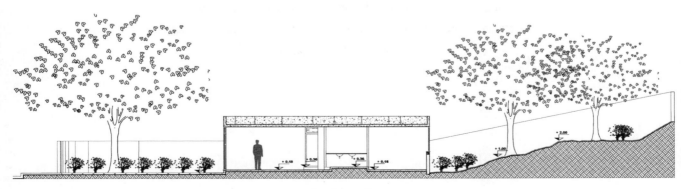

Implantação

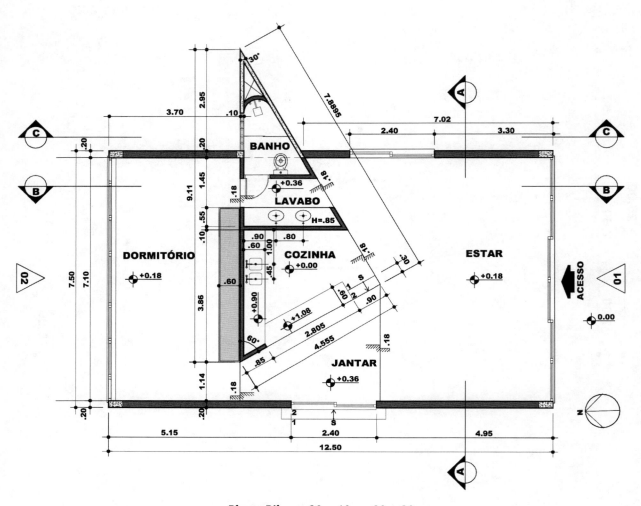

Planta Pilares .20 x .40 m; .20 x .20 m

Obs.: as alvenarias, de acordo com a norma, não são hachuradas.
Entretanto, no presente caso, adotamos a hachura por uma questão didática,
a fim de que a planta seja mais legível.

Projeto executivo de arquitetura 119

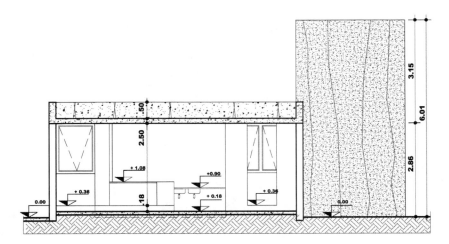

CORTE AA

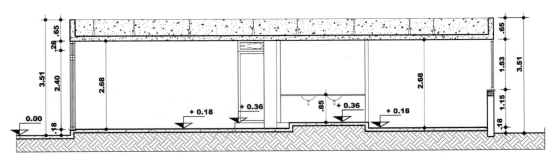

CORTE BB

Escalas de representação em arquitetura

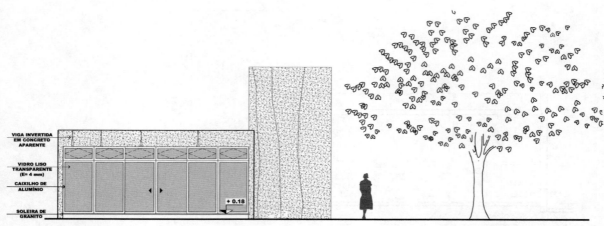

FACHADA 01

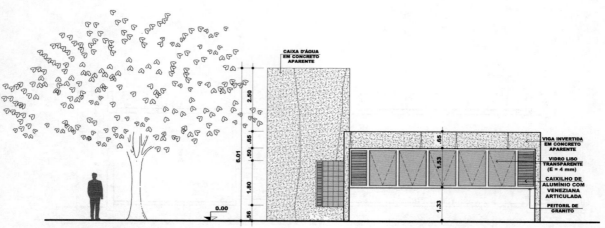

FACHADA 02

Projeto executivo de arquitetura 121

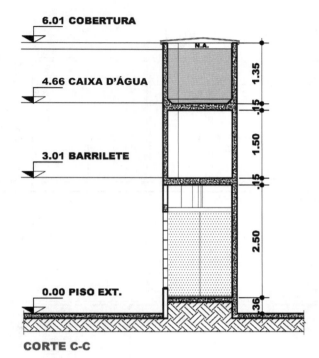

CORTE C-C

PLANTA CAIXA D'ÁGUA

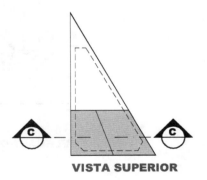

VISTA SUPERIOR

Escalas de representação em arquitetura

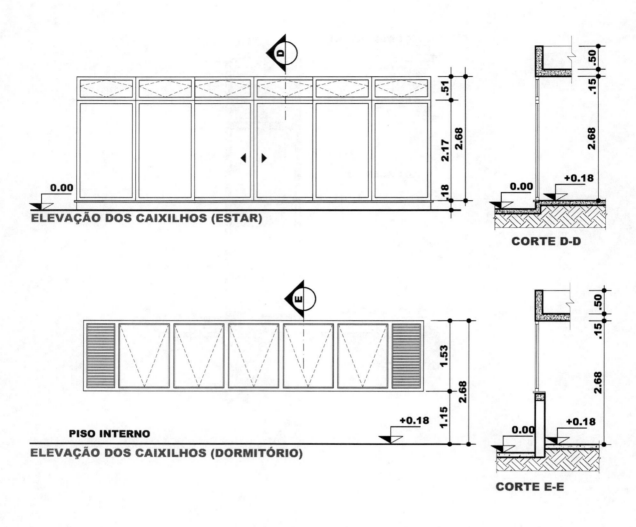

Notas:

1 – Pé-direito = 2,68 cm.

2 – Alvenaria externa = 20 cm.

3 – Alvenaria interna = 10 cm.

4 – Alt. bancada cozinha = 90 cm.

5 – Alt. bancada lavabo = 90 cm.

6 – Alt. box vidro temperado = 2,10 cm.

7 – Alt. da porta = 2,10 cm.

Projeto executivo de arquitetura 123

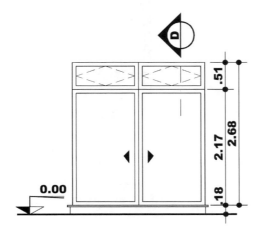

ELEVAÇÃO DO CAIXILHO (ESTAR)

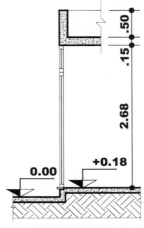

CORTE D-D

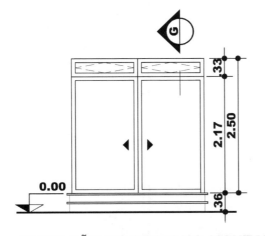

ELEVAÇÃO DO CAIXILHO (JANTAR)

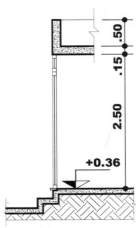

CORTE G-G

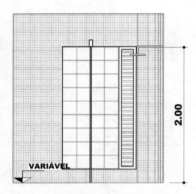

ELEVAÇÃO 01

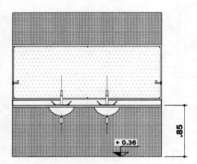

ELEVAÇÃO 02

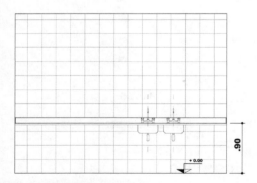

ELEVAÇÃO 03

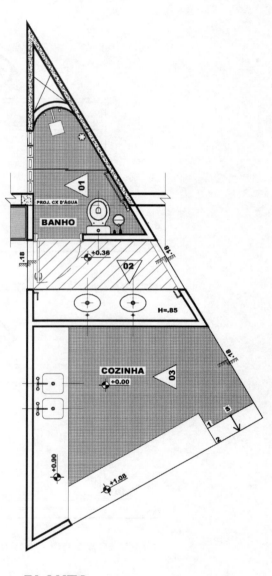

PLANTA

Projeto executivo de arquitetura 125

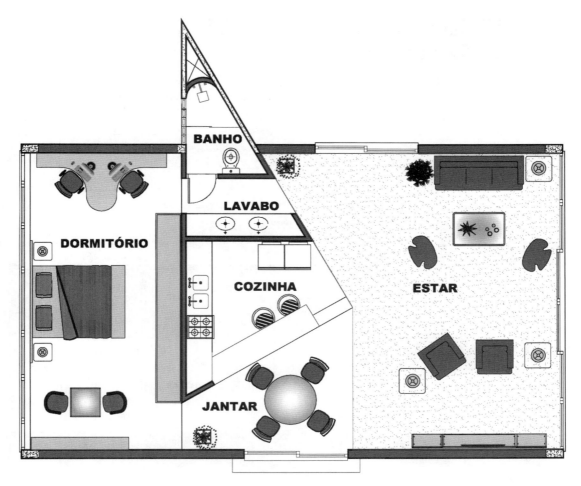

Planta leiaute

PARÂMETROS PARA LOUÇAS E METAIS SANITÁRIOS

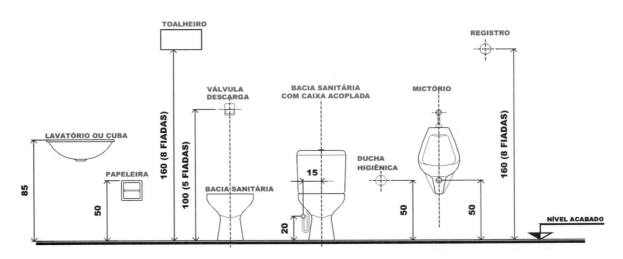

Louças sanitárias
(com indicação de alturas, medidas em centímetros)

EXERCÍCIO 20 – PROJETO EXECUTIVO DE UMA AGÊNCIA BANCÁRIA

Projeto G&C Arquitectônica Ltda., 1999.

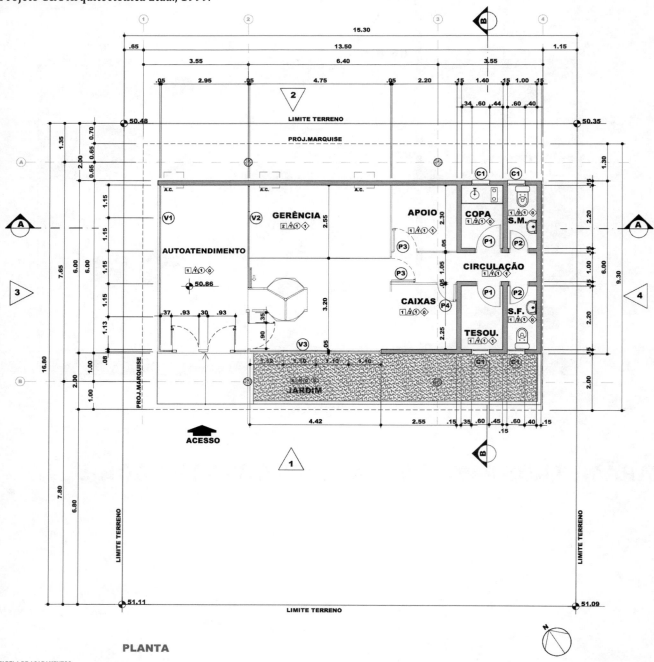

PLANTA

Projeto executivo de arquitetura 127

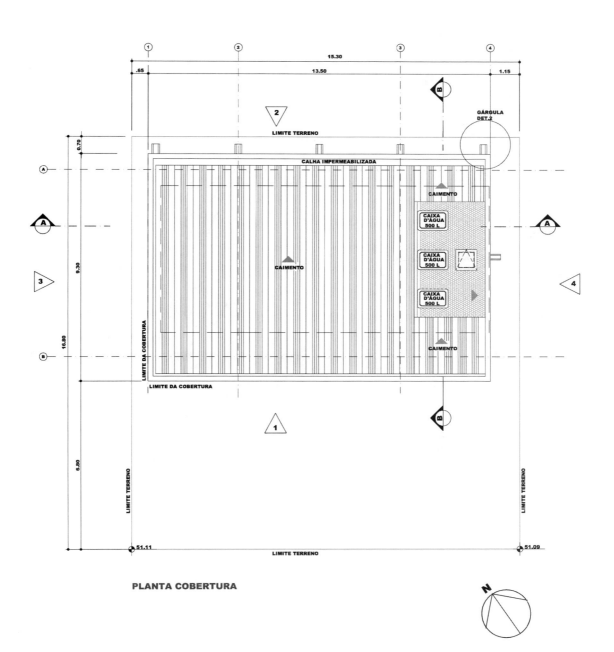

PLANTA COBERTURA

Escalas de representação em arquitetura

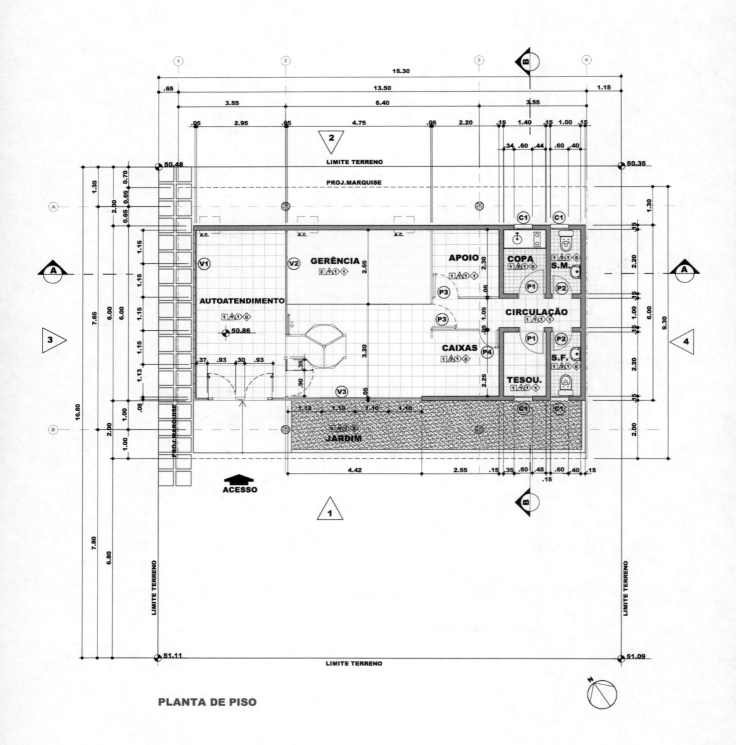

PLANTA DE PISO

Projeto executivo de arquitetura 129

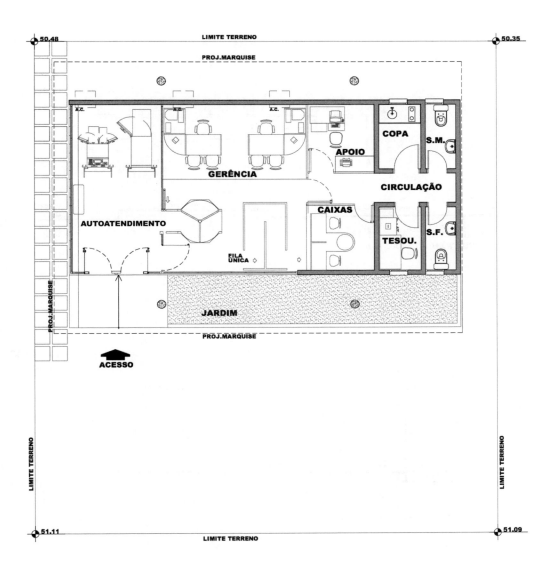

PLANTA LEIAUTE

Escalas de representação em arquitetura

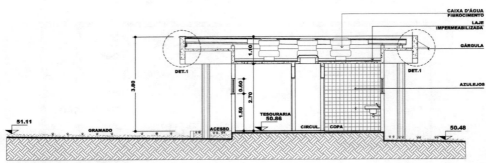

CORTE TRANSVERSAL B-B

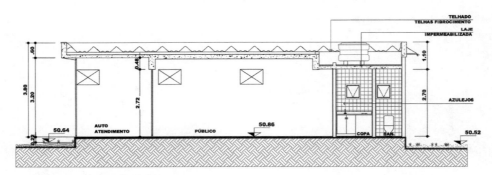

CORTE LONGITUDINAL A-A

Projeto executivo de arquitetura

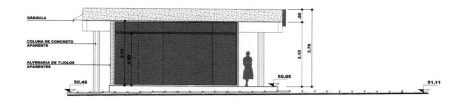

3 - FACHADA LATERAL ESQUERDA

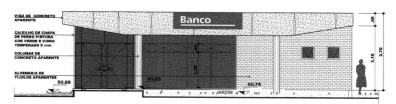

1 - FACHADA FRONTAL

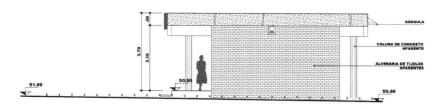

4 - FACHADA LATERAL DIREITA

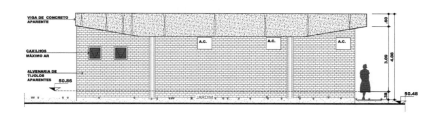

2 - FACHADA POSTERIOR

DESENHO DE ESTRUTURA

FORMAS DA FUNDAÇÃO

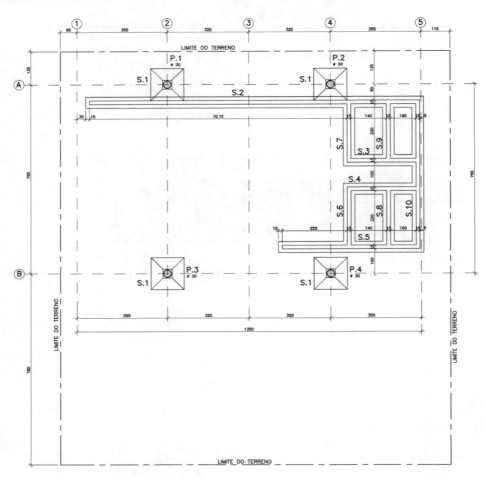

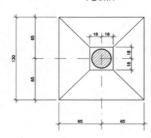

DETALHES DAS SAPATAS S.1 (4X)
ESC. 1:20

PLANTA

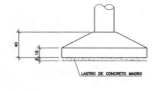

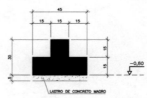

CORTE DAS SAPATAS S.2 a S.10
ESC. 1:10

Notas:

1 – RN = piso acabado interno = 0,00.

2 – Concreto das sapatas – fck = 15 MPa (150 kgf/cm^2).

3 – A cota de assentamento das sapatas S.1 deve se confirmada por engenheiro especializado de acordo com uma tensão admissível para o solo de 2,0 kgf/cm^2.

4 – Volume de concreto = 5,5 m^3.

5 – Área de formas = 27 m^2.

FORMAS DA COBERTURA

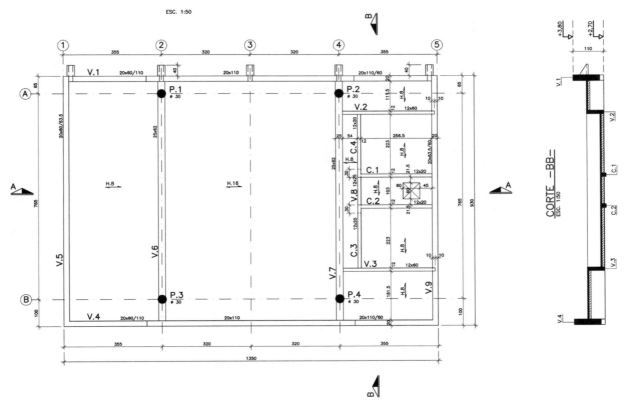

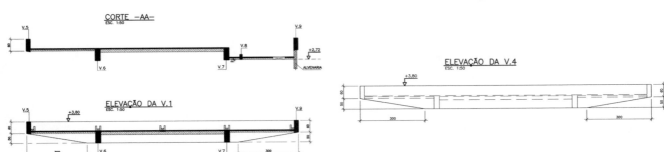

Notas:

1 – RN = piso acabado interno = 0,00.

2 – Concreto – fck = 15 MPa (200 kgf/cm^2).

3 – As setas (→) indicam a direção de armação das lajes pré-fabricads.

4 – A espessura das lajes pré-fabricadas (H.) pode variar de acordo com o fabricante. Não inclui a capa.

4 – Volume de concreto = 12,0 m^3.

5 – Área de formas = 127,0 m^2.

6 – Área de lajes pré-fabricadas: H.8 = 55,5 m^2.

　　　　　　　　　　　　　　　H.16 = 55,0 m^2.

7 – Sobre as lajes dos sanitários serão colocadas 3 caixas d'água de 500 litros cada.

134 Escalas de representação em arquitetura

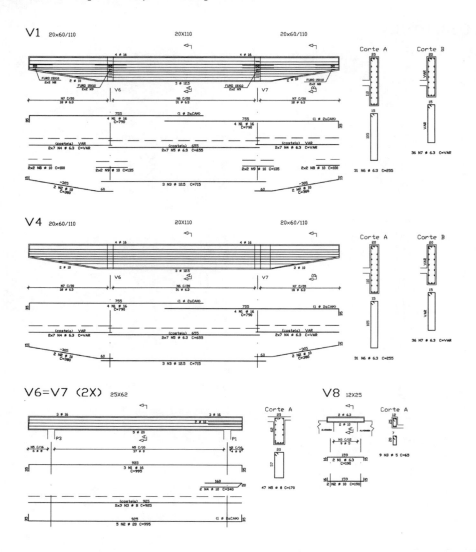
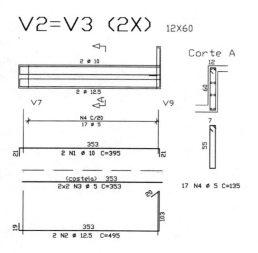
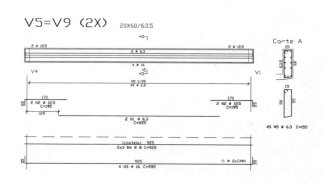

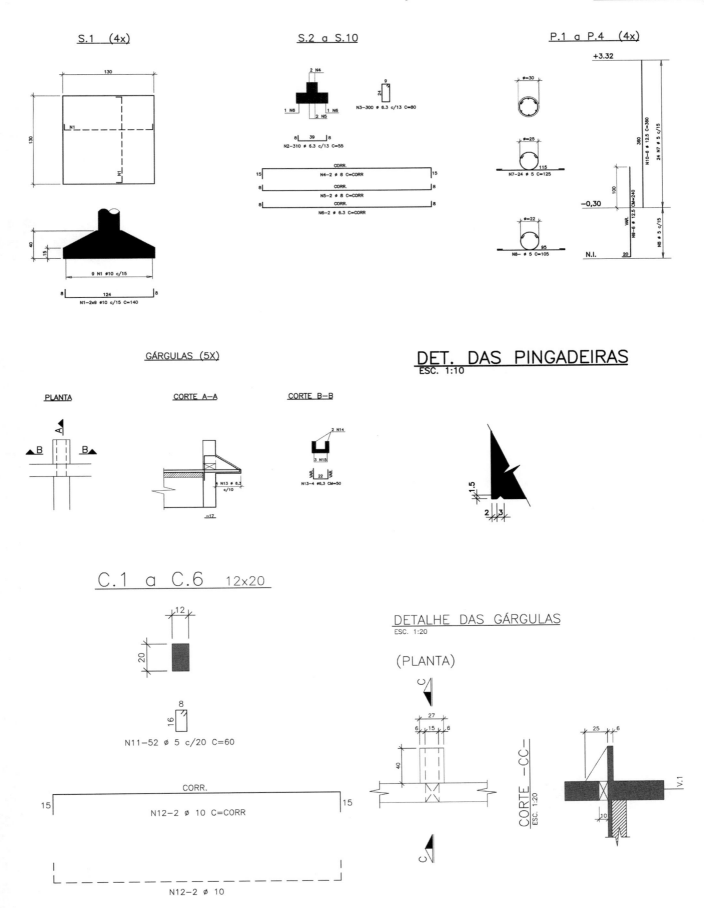

ESCADAS E RAMPAS

Escadas e rampas servem para interligar níveis diferentes em uma construção. O arquiteto francês Jacques-François Blondel (1705-1774), representante do racionalismo europeu, estabeleceu uma fórmula que permite relacionar a largura do piso em função da altura do espelho e ambas associadas ao comprimento médio do passo do homem, para assim tornar o percurso da escada confortável. Apesar de especialistas em antropometria serem enfáticos em afirmar que o homem médio não existe, mas que é preciso trabalhar com dados de etnia, grupos culturais e faixas etárias, em arquitetura tem-se trabalhado com a fórmula de Blondel, porque uma escada não é um objeto que exija maior precisão antropométrica. Mas existem diferenças notáveis em dimensionamentos de escadas. No Japão, por exemplo, as escadas residenciais possuem inclinações muito fortes em que a altura do espelho quase se equipara à dimensão do piso, devido a questões culturais e racionalização de espaço.

O passo humano médio pode estar compreendido entre 0,60 m e 0,66 m, conforme formúla empírica de Jean-Baptiste Rondelet (1743-1829). Adotamos um valor intermediário para a fórmula de escada, por ser a mais usual nos escritórios de arquitetura e pela coerência os parâmetros: $2e + p = 0,63$ m (2 vezes a altura do espelho + a largura do piso é igual a 63 centímetros, o que corresponde ao passo de um homem "em média").

NOMENCLATURA

h – plano vertical é a altura do espelho. Sua medida é considerada entre 16 cm e 19 cm. Adotamos, como espelho ideal, h = 17,5 cm.

P – plano horizontal é a dimensão do piso. Sua medida pode variar entre 25 cm e 30 cm. Adotamos, como piso ideal, p = 28 cm.

n – bocel, detalhe de acabamento, deve ser igual ou menor a 1,5 cm.

L – lance ou lanço é a sequência de degraus do início da escada ao pavimento ou entre o início da escada e o patamar.

d – é a declividade e varia de acordo com o projeto da escada.

H – é o desnível que a escada deve vencer, sua altura compreendida entre pisos.

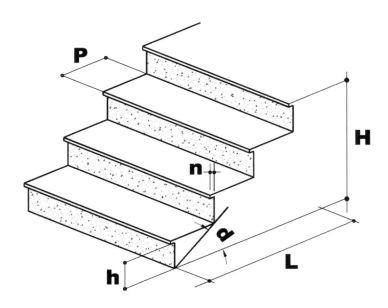

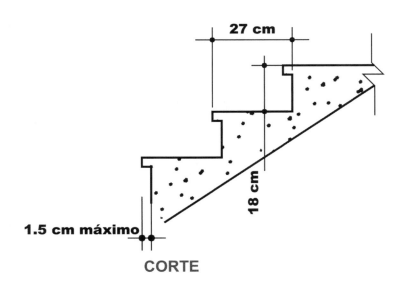

CORTE

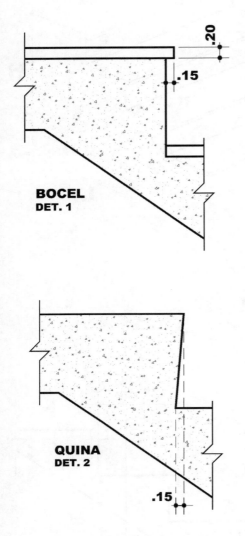
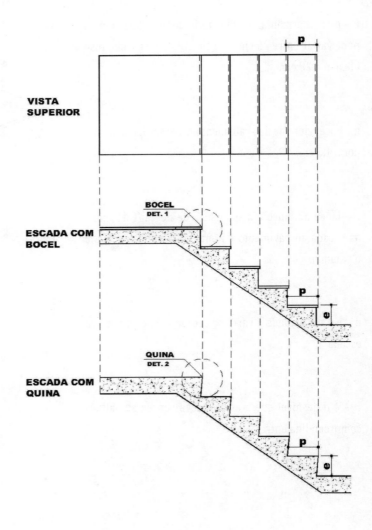

DIMENSIONAMENTO DE UMA ESCADA

Para o dimensionamento de escadas, a Norma ABNT 9050/2004, estabeleceu o seguinte:

a) pisos (p): 0,28 m < p < 0,32 m;
b) espelhos (e) 0,16 m < e < 0,18 m;
c) 0,63 m < p < +2e < 0,65 m.

No cálculo de uma escada é o bastante considerar:

a) pé-direito + laje = desnível;
b) espessura da laje;
c) vigas.

1º passo – Dividir o desnível pela altura do espelho ideal, 0,175 m. Nesse caso, se a quantidade for exata, basta substituir na fórmula 2e + p = 0,63 m. Caso contrário, aplicar o segundo passo.

2º passo – Dividir o desnível pela quantidade de espelhos arredondada. Nesse caso, como a quantidade não é exata, arredondar para mais ou menos adotando um critério lógico – algarismos significativos. O resultado será o espelho projetado.

3º passo – Substituir na fórmula 2e + p = 0,63 m o espelho projetado. O resultado será o piso projetado.

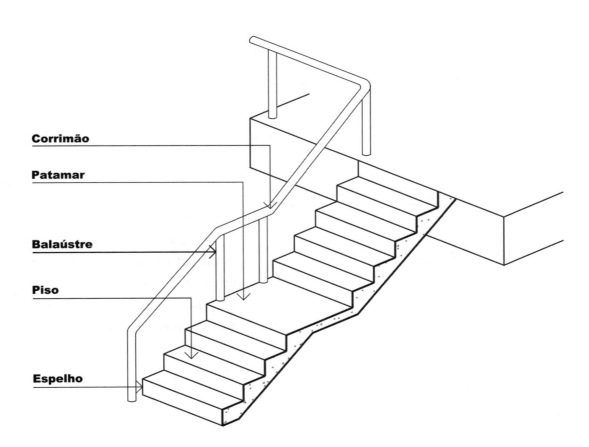

É possível utilizar um ábaco para saber o grau de inclinação de uma escada, conforme figura ao lado.

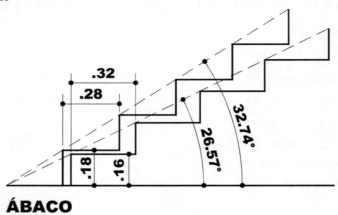

ÁBACO

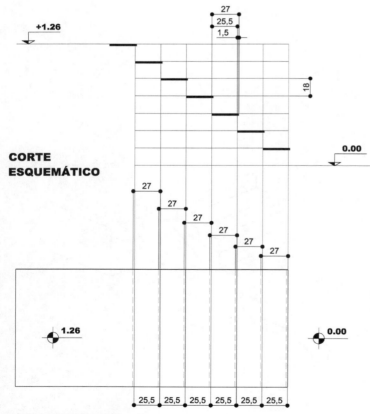

CORTE ESQUEMÁTICO

VISTA SUPERIOR

Na figura ao lado, o método para desenho de escada com bocel. Observe que na vista superior o piso tem 25,5 cm, porém, sua dimensão útil é 27 cm. Isto ocorre devido à sobreposição de 1,5 cm do bocel. A escada é mais compacta.

ESCADA DE USO PRIVATIVO

As escadas privativas, ou restritas a um determinado ambiente, terão largura mínima de 0,80 m. Numa escada, a largura útil é a distância horizontal medida entre os guarda-corpos.

As larguras mínimas são:
0,80 m – para uma pessoa
1,20 m – para duas pessoas

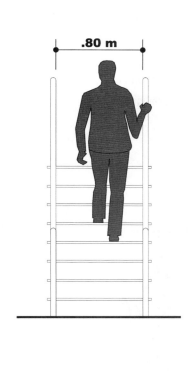

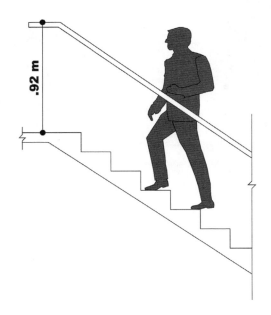

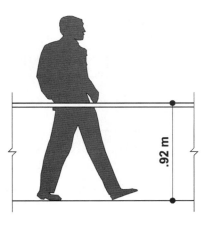

ESCADA DE USO COLETIVO

A escada para uso comum ou coletivo será formada, no mínimo, por 2 "unidades de saída", ou seja, terá largura de 1,20 m que permitirá o escoamento de 90 pessoas, em 2 filas.

a) A largura das escadas será estabelecida de acordo com o fluxo de pessoas, conforme ABNT NBR 9077.

A largura mínima das escadas de uso comum ou coletivo será:

b) 1,20 m para edifícios comerciais e residenciais.
c) 1,50 m nas edificações para clínicas e similares, para escolas e locais de reuniões esportivas, recreativas ou sociais e culturais.

Quando a largura da escada ultrapassar 2,40 m, é necessária a instalação de corrimão intermediário.

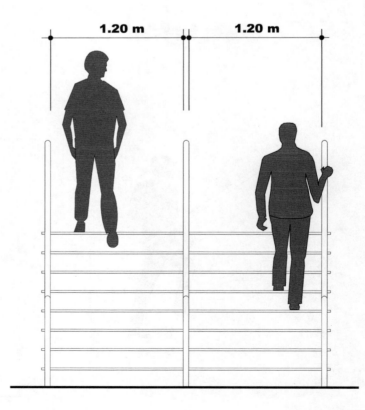

ESCADA RETA COM PATAMAR

As escadas de uso coletivo, de acordo com a legislação em vigor, serão sempre de lances retos. Os patamares intermediários serão obrigatórios sempre que houver mudança de direção ou quando o lance da escada vencer desnível superior a 3,25 m.

- Patamar = largura da escada
- Corrimão = altura mínima 0,80 m; ideal 0,92 m
- Altura livre mínima 2 m. Quando dimensionamos uma escada, frequentemente nos deparamos com dimensões de piso e espelho fracionadas, por exemplo: 0,1735 m, de difícil leitura em escala, portanto. Como a quantidade de espelhos deve ser exata, é mais prático, e mais preciso, dividir o desnível em partes iguais – múltiplos da quantidade obtida pelo dimensionamento da escada. A divisão pode ser feita diretamente com o auxílio de uma régua ou escalímetro (Teorema de Tales). O mesmo vale para a planta.

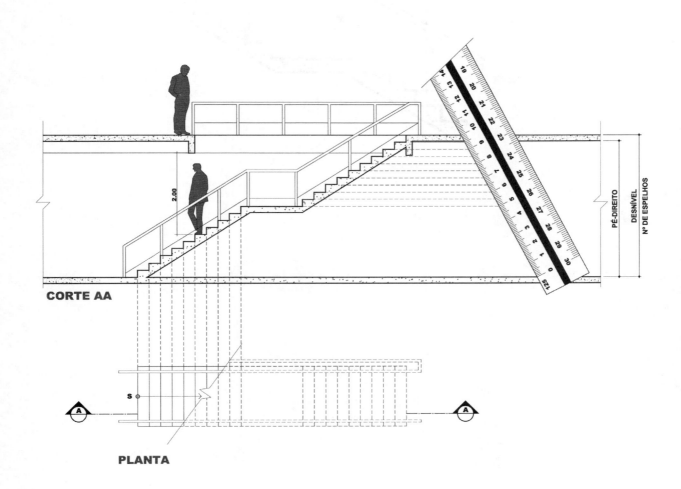

CORTE AA

PLANTA

Para desenhar o corrimão, é preciso começar pelo eixo de um piso em corte – no início e no final do lance, o que pode ser feito com o auxílio do compasso ou esquadro de 45°. Em seguida, marcar na linha de eixo a altura do corrimão – um dado de projeto. Ligando os pontos, traçar uma linha que será paralela ao ângulo da escada, que também pode ser obtida alinhando-se o par de esquadros às arestas dos espelhos. Fazer o mesmo para o patamar, nesse caso, paralelo ao seu plano horizontal. Dessa forma, as linhas inclinadas dos lances da escada irão cruzar com a linha horizontal. Por último traçar a espessura do corrimão.

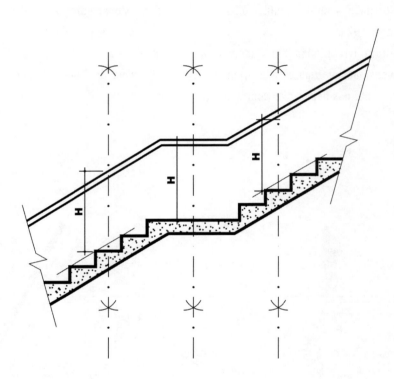

BALANCEAMENTO

Em algumas escadas, é necessária a distribuição de espelhos no plano do patamar. Então é preciso projetar uma compensação dimensional para os pisos. Com o traçado de uma linha imaginária com afastamento de 50 cm a 60 cm do limite da escada, definimos o plano de pisada igual ou superior a 25 cm.

Ao lado, está a vista superior de uma escada em que o eixo sofre um desvio de 90°. A linha de piso está representada mediante linha tracejada. Nos pisos compreendidos entre os espelhos 6 a 10, ela possui um visível estreitamento. Para manter a dimensão mínima, a linha de piso sofreria um desvio e essa mudança não é natural, pois a tendência é seguir pelo meio da escada, mantendo afastamento constante do guarda-corpo. Na figura ao lado, vemos os pisos se enfeixando, temos então uma área perdida na qual o pé não encontra apoio. O objetivo do balanceamento é melhorar essa condição. O canto interno arredondado, ou chanfrado, favorece a distribuição do feixe de espelhos.

O método é empírico: 1) manter o espelho diagonal ao patamar e delimitar os pisos a serem balanceados definindo assim o ponto A; 2) traçar as retas horizontais e verticais e nelas marcar cerca de 50 cm; 3) marcar a dimensão do piso, conforme cálculo da escada, no eixo da linha de piso; 4) ligar os pontos.

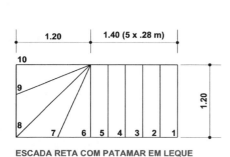

ESCADA RETA COM PATAMAR EM LEQUE

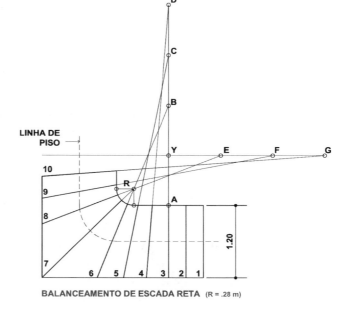

BALANCEAMENTO DE ESCADA RETA (R = .28 m)

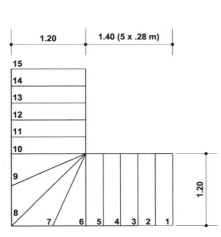

ESCADA EM "L" COM PATAMAR EM LEQUE

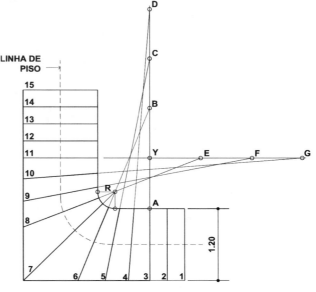

BALANCEAMENTO DE ESCADA EM "L" (R = .28 m)

BALANCEAMENTO DE ESCADA CURVA

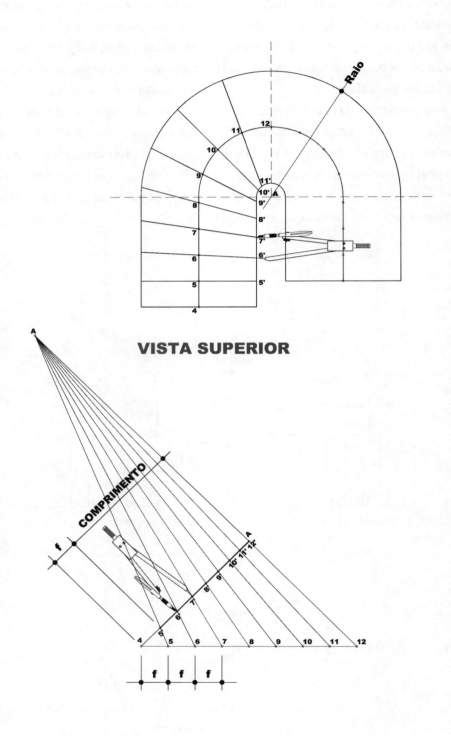

ESCADA HELICOIDAL

A escada helicoidal possui restrições de uso devido às dimensões variáveis de piso, pois sua forma trapezoidal reduz a faixa de aproveitamento, ficando restrita à porção mais afastada do núcleo, onde se localiza sua sustentação estrutural. Em alguns projetos, como hospitais e escadas de segurança, as escadas helicoidais não são permitidas. Mesmo assim, pela sua solução compacta, pode ser uma boa opção para acessos secundários ou para espaços mais amplos que permitam um raio maior. A arquiteta Lina Bo Bardi projetou uma engenhosa solução para uma escada helicoidal em madeira para uma galeria de arte no Solar do Unhão, em Salvador, Bahia.

O dimensionamento de uma escada helicoidal segue os mesmos procedimentos já descritos. Quanto ao ponto de partida para o dimensionamento, este deve ser o desnível, no caso de uma situação pré-existente, ou ele pode ser decorrente de alguns ensaios empíricos com base no raio, no caso de um projeto desde a sua concepção.

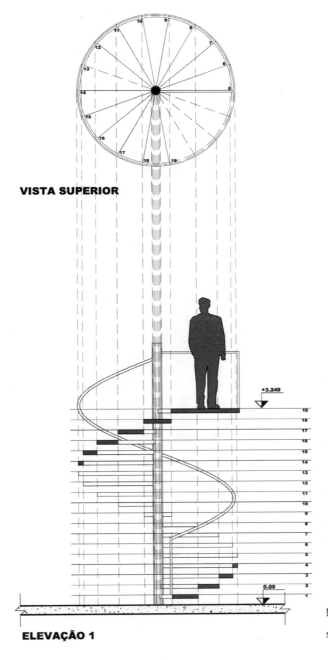

Nota: adotamos a cor cinza para representar a superfície curva visível do degrau.

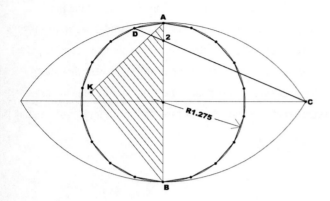

Divisão da circunferência em N partes

Passo a passo:

1 – Traçar a circunferência.

2 – Dividir a circunferência em quatro partes.

3 – Traçar os arcos com centro em A depois em B.

4 – A partir de A traçar uma linha com ângulo qualquer.

5 – Dividir o segmento de reta em dezoito partes (Tales).

6 – Ligar o ponto K até B.

7 – Traçar linhas paralelas a partir do segmento KB.

8 – Ligar o ponto C a 2A e prolongar até a circunferência.

9 – O segmento AD corresponde à dimensão do piso calculado.

10 – Dividir a circunferência com base no segmento AD.

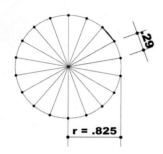

Escada helicoidal

Passo a passo:

1 – Cálculo de piso e espelho conforme fórmula 2e + p = 0,63.

2 – Cálculo do comprimento da escada.

    2.1 – Considere uma escada reta linear sem patamar.

3 – Adote a fórmula C = 2πr.

    3.1 – Considere: C (comprimento), r (raio) e π (3,1415).

4 – Com o raio, traçar a circunferência da escada.

5 – Dividir adotando o piso como módulo.

    5.1 – A divisão pode ser feita com o compasso ou com o método da divisão da circunferência em N partes.

    5.2 – No caso da adoção do compasso, lembrar a diferença entre arco e corda.

6 – Acrescentar uma faixa adicional de 0,45 cm para adequação da pisada.

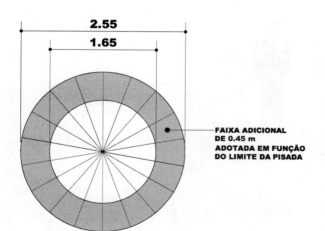

DESENHO DO HELICOIDE

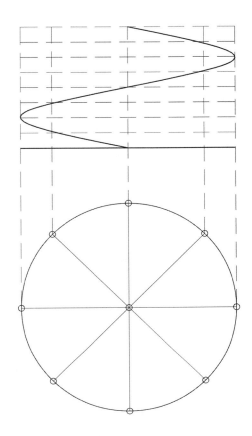

ENSAIO DE UMA ESCADA HELICOIDAL

1º ensaio: dados estabelecidos *a priori*.
Adotamos:
Qp = quantidade de pisos
Qpp = quantidade de pisos projetados
Pp = piso projetado
Qe = quantidade de espelhos
Qep = quantidade de espelhos projetados
Ep = espelho projetado

Raios
R1 = 0,375 m
R2 = 0,825 m
R3 = 1,275 m

S = 2πr
S = 2 x 3,1415 x 0,825 m (R2)
S = 5,184/0,28 (piso ideal)
S = 18,51 arredondados para 18 pisos
(portanto, 19 espelhos)
Pp = 5,184/18
Pp = 0,288

2e + p = 63
2e + 0,288 = 0,63
e = 0,171

19 x 0,171 = 3,249 = desnível

2º ensaio: desnível = 3,249 m
3,249/0,175 (espelho ideal) = 18,56
espelhos arredondados para 19
3,249/19 = 0,171

Verificação
2e + p = 0,63
2 x 0,171 + p = 0,63
p = 0,63 − 0,342
p = 0,288

Comprimento da escada
18 x 0,288 = 5,184
S = 2πr
5,184 = 2 x 3,1415 x r
r = 5,184/6,283
r = 0,825

ESCADAS: TIPOLOGIAS

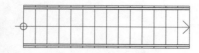

1 – Escada reta

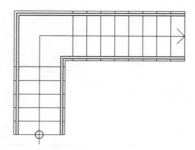

2 – Escada em "L"

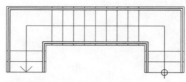

3 – Escada em "U"

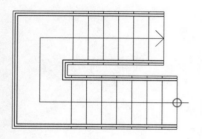

4 – Escada em "U"

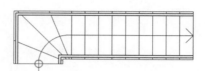

5 – Escada reta com patamar em leque

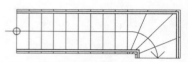

6 – Escada reta com patamar em leque

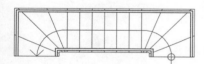

7 – Escada em "U" com duplo patamar em leque

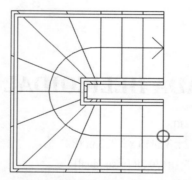

8 – Escada em "U" com duplo patamar em leque

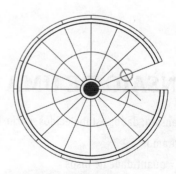

9 – Escada helicoidal

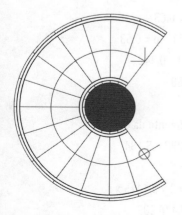

10 – Escada helicoidal

11 – Escada semi-helicoidal

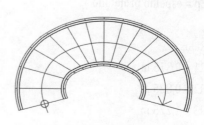

12 – Escada em arco

ESCADA DE INCÊNDIO

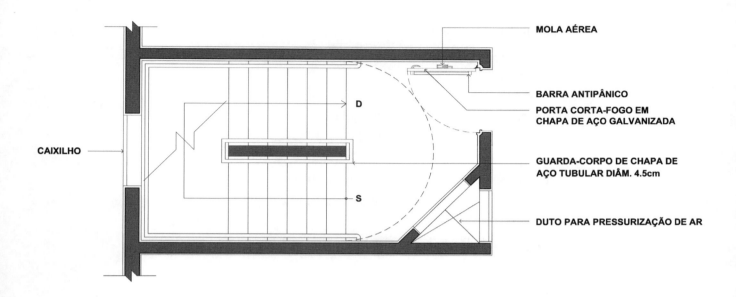

Notas:

1 – Instruções técnicas de segurança contra incêndio do estado de São Paulo:

   IT-11 – Saídas de emergência em edificações.

   IT-13 – Pressurização de escada de segurança.

2 – PCF – Porta contra fogo

   Norma NBR 11742

   Classificação por minutos de resistência ao fogo: P60, P90, e P120

   Deve possuir dispositivos mecânicos e automáticos para que seja mantida fechada, porém destrancada no sentido da rota de fuga: barra antipânico e mola regulável

3 – Com duto de pressurização de ar

DIMENSIONAMENTO DE ESCADAS

FÓRMULA: 2e + p = 0,63 m

Espelho ideal: 0,175 m

Piso ideal: 0,28 m

1º passo: desnível = $\dfrac{\text{quantidade de espelhos}}{\text{espelho ideal}}$

Nota: a quantidade de espelhos pode ser arredondada.
No caso de quantidade exata, basta substituir na fórmula.

Qea = quantidade de espelhos arredondada

2º passo: desnível = $\dfrac{\text{Hep}}{\text{Qea}}$

Hep = altura do espelho projetado: substituir na fórmula

3º passo: utilizar a fórmula 2e + p = 0,63 m

Adotar para corte:

Laje: e = 0,15 m

Laje do patamar: e = 0,15 m

Viga: h = 0,50 m e = 0,15 m

Lastro de contrapiso: e = 0,10 m

ESCADA RETA

Desnível = 2,87 m

Nível de partida = +0,18 m

Número de espelhos
2,87 m/0,175 m = 16,4 (arredondar para 16)

Altura do espelho
2,87/16 = 0,1794 m

Piso
2e + p = .63 m
2 x 0,1794 m + p = 0,63 m
0,3588 + p = 0,63 m
p = 0,63 m − 0,3588 m
p = 0,2712 m

Número de pisos = Nº espelhos − 1

Comprimento do 1º lance e do 2º lance:
CL = Nº pisos x dimensão do piso
CL = 7 x 0,2712 m
CL = 1,8984 m

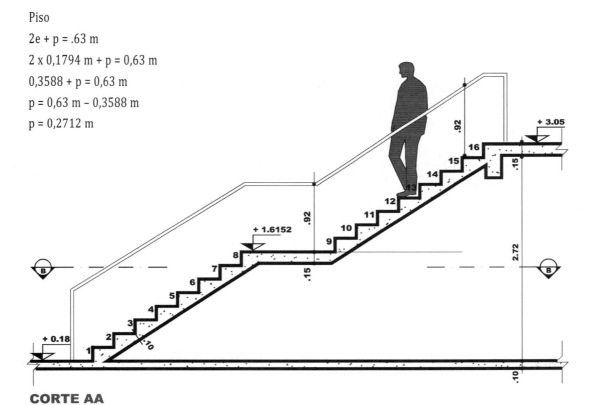

CORTE AA

PLANTA ESCADA RETA (CORTE B-B)

ESCADA EM "L"

Desnível = 3,075 m

Nível de partida = +0,19 m

Número de espelhos
3,075 m/0,175 m = 17,57 (arredondar para 18)

Altura do espelho
3,075/18 = 0,1708 m

Piso
2e + p = 0,63 m
2 x 0,1708 m + p = 0,63 m
0,3416 + p = 0,63 m
p = 0,2884 m

Número de pisos = Nº espelhos – 1

Comprimento do 1º lance e do 2º lance:
CL = Nº pisos x dimensão do piso
CL = 8 x 0,2884 m
CL = 2,3072 m

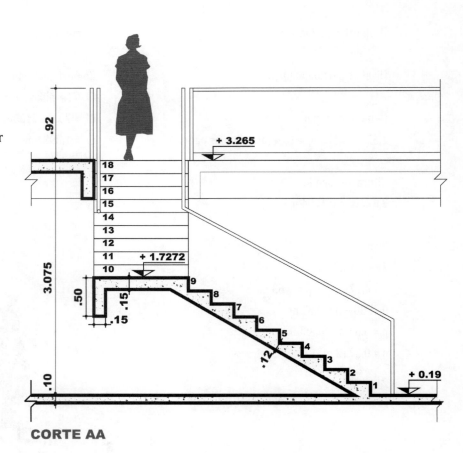

CORTE AA

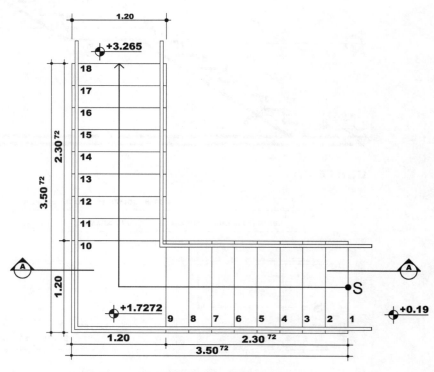

VISTA SUPERIOR ESCADA EM "L"

CÁLCULO DE ESCADA EM "U"

Desnível = 3,275 m

Nível de partida = +0,36 m

Número de espelhos
3,275 m/0,175 m = 18,71
(arredondar para 19)

Altura do espelho
3,275/19 = 0,1724 m

Piso
2e + p = .63 m
2 x 0,1724 m + p = 0,63 m
p = 0,2852 m

Número de pisos = Nº espelhos − 1

Comprimento do 1º lance:
CL = Nº pisos x dimensão do piso
CL = 8 x 0,2852 m
CL = 2,2816 m

Comprimento do 2º lance:
CL = Nº pisos x dimensão do piso
CL = 8 x 0,2852 m
CL = 2,2816 m

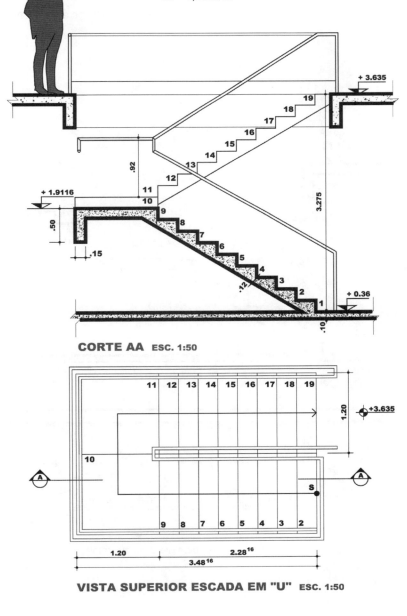

CORTE AA ESC. 1:50

VISTA SUPERIOR ESCADA EM "U" ESC. 1:50

POSICIONAMENTO DA VIGA

Dados:

desnível: 2,87 m (piso a piso)
viga = 0,50 m de altura
Hep = 0,1794 (altura do espelho projetado)
Pa = 2,00 m (parâmetro adotado)
nº = número do espelho para alinhamento com a viga

Cálculo:

$$\frac{\text{desnível} - (Pa + viga)}{Hep} = n^{\circ} e$$

$$\frac{2,87 - (2,00 + 0,50)}{0,1794} = n^{\circ} e$$

nº e = 2,06 = 2

Nota: como o parâmetro adotado é > 2,00, o arredondamento deve observar o critério com rigor.

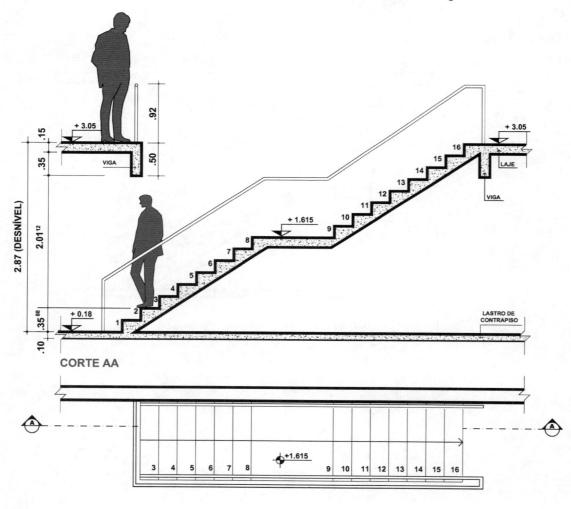

CORTE AA

VISTA SUPERIOR

PISO DO PAVIMENTO SUPERIOR
+3.05

RAMPAS

Rampa é o plano inclinado usado para circulação; deve ser previsto patamar de descanso em condições semelhantes às de uma escada.

As rampas são pouco utilizadas em residências, mas largamente aplicadas em escolas, hospitais, edifícios esportivos, mercados, bancos, em função de legislação específica a ABNT NBR 9050 de 2004.

Quando se destina ao uso de pedestres com dificuldade de locomoção ou pessoas em cadeiras de rodas, a inclinação ideal varia de 6,25% a 8,33%. Em alguns casos, podem ser adotadas inclinações de 8,33% a 12,5%, segundo a norma. Por exemplo, numa rampa de inclinação 10%, para subir 3 m (h = 3) são necessários 30 m de extensão, pois 3 m = 10% de 30 m, além do comprimento do patamar.

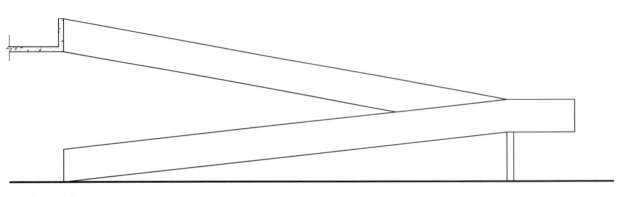

ELEVAÇÃO

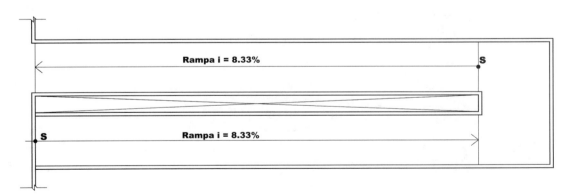

VISTA SUPERIOR

Escalas de representação em arquitetura

A ABNT determina padrões e critérios para acessibilidade de pessoas portadoras com necessidades especiais (PNE).

No exemplo a seguir, temos uma rampa conforme a norma de acessibilidade, cujos principais pontos são:

- Largura livre 1,20 m.
- Inclinação de 8,33%.
- Guarda-corpo com duas alturas: 70 cm e 92 cm e avanço nas extremidades de 30 cm.
- Faixa de diferenciação de piso de 30 cm.
- Borda elevada para balizamento com 5 cm.
- Devem ser previstos patamares a cada 50 m de percurso.

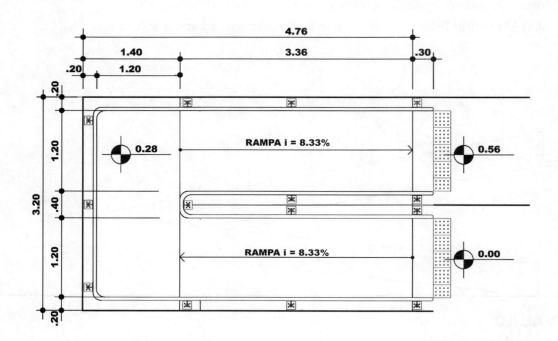

VISTA SUPERIOR

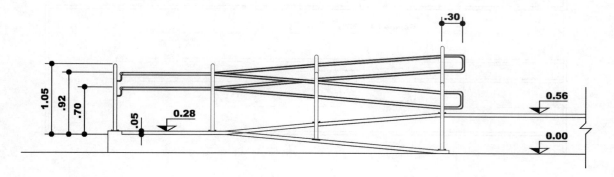

ELEVAÇÃO DA RAMPA

Exemplo de rampa para pessoas portadoras de necessidades especiais

CÁLCULO PARA DIMENSIONAMENTO DE RAMPA EM "U"

I – Dados:
desnível (H) = 2,40 m
largura (L) = 1,20 m
inclinação (i) = 8,33%
(conforme Norma 9050 – Acessibilidade)
patamar = 1,20 m
laje = .15 m

II – Utilizar fórmula ABNT para determinar o comprimento da rampa (C):

$$i = \frac{H \times 100}{C}$$

$$8{,}33 = \frac{2{,}40 \times 100}{C}$$

$$C = \frac{2{,}40 \times 100}{8{,}33}$$

C = 28,81 m

III – Comprimento do lance (CL):

$$C = \frac{28{,}81}{2}$$

C = 14,406 m

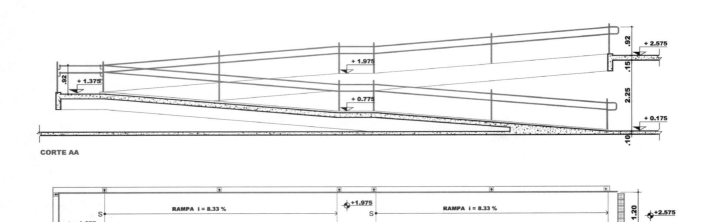

CORTE AA

VISTA SUPERIOR RAMPA EM "U"

CÁLCULO PARA DETERMINAR A EXTENSÃO DE UMA RAMPA CIRCULAR

I – Dados:
comprimento da rampa (C)
28,81 + 1,20 (patamar)
C = 30,01 m
desnível (H) = 2,40 m
largura (L) = 1,20 m
inclinação (i) = 8,33%
(conforme Norma 9050 – Acessibilidade)
patamar = 1,20 m
laje = .15 m

$S = 2\pi r$

$30,01 = 2 \times 3,1415 \times r$

$r = \dfrac{30,01}{6,283}$

$r = 4,7764 \text{ m}$

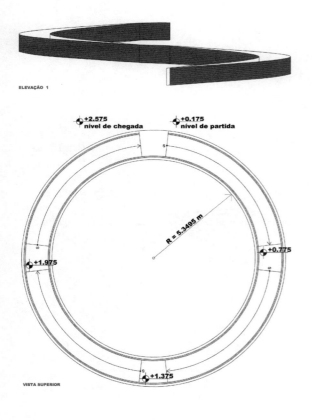

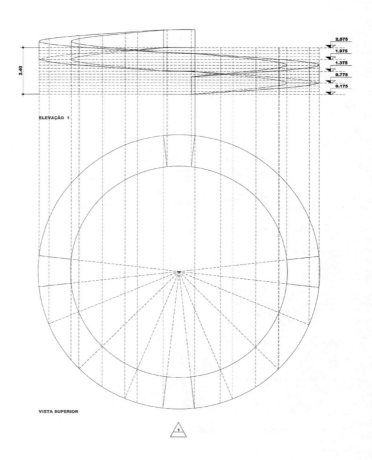

TELHADOS

O telhado é um tipo de cobertura que faz uso de telhas em uma edificação. Sua principal função, como qualquer cobertura, é proteger os ambientes internos das intempéries, por exemplo, a chuva e o vento; também deve propiciar aos usuários privacidade e conforto. A solução pertence ao repertório da arquitetura vernacular de diversos países. Sua execução deve oferecer adequada estanqueidade, sistema de captação de águas pluviais e conforto termo-acústico. A especificação dos materiais e sua correta adequação devem atender às características mencionadas.

No Brasil, são comuns os telhados com estrutura de madeira e telhas cerâmicas, de concreto ou fibrocimento. Nas regiões Norte e Nordeste, são notáveis outras soluções de telhados, com estrutura de madeira bruta e recobrimento de fibras vegetais.

Os telhados são sustentados por um sistema estrutural triangular denominada tesoura. Sobre a tesoura são distribuídas terças, em seguida caibros e, sobre estes, ripas, às quais se apoiarão as telhas. As ripas são responsáveis pelo perfeito ajuste das telhas, portanto, sua marcação deve prever uma guia que determinará a galga da telha – distância entre eixos de ripas, a ser confirmada pelo fabricante da telha especificada em projeto.

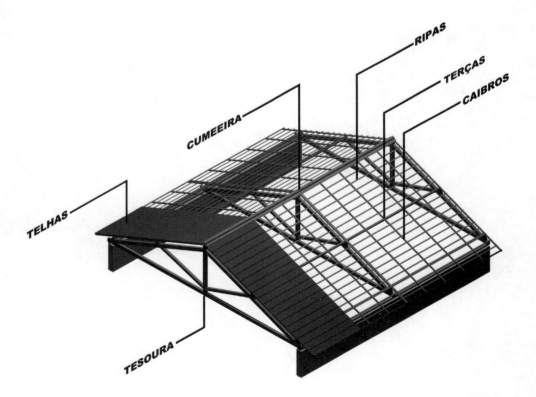

EXEMPLOS DE TESOURAS E TRELIÇAS

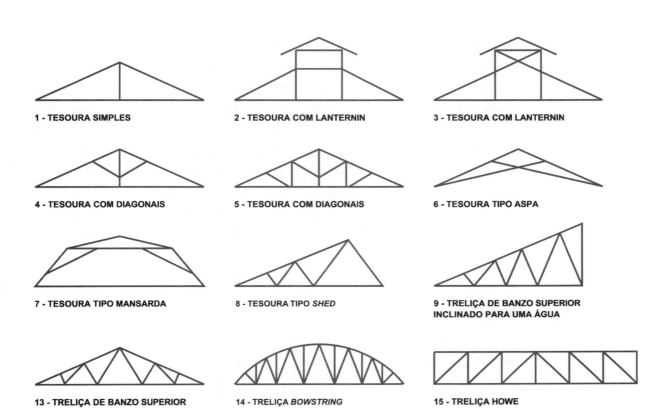

1 - TESOURA SIMPLES
2 - TESOURA COM LANTERNIN
3 - TESOURA COM LANTERNIN
4 - TESOURA COM DIAGONAIS
5 - TESOURA COM DIAGONAIS
6 - TESOURA TIPO ASPA
7 - TESOURA TIPO MANSARDA
8 - TESOURA TIPO *SHED*
9 - TRELIÇA DE BANZO SUPERIOR INCLINADO PARA UMA ÁGUA
13 - TRELIÇA DE BANZO SUPERIOR INCLINADO PARA DUAS ÁGUAS
14 - TRELIÇA *BOWSTRING*
15 - TRELIÇA HOWE

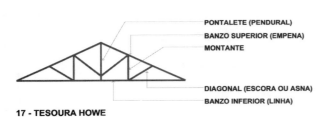

PONTALETE (PENDURAL)
BANZO SUPERIOR (EMPENA)
MONTANTE
DIAGONAL (ESCORA OU ASNA)
BANZO INFERIOR (LINHA)

17 - TESOURA HOWE

TESOURA DE MADEIRA

A tesoura é o elemento estrutural utilizado para a sustentação de coberturas com telhas. Um telhado possui pelo menos duas tesouras. Seu espaçamento pode ser considerado entre 2,5 e 4 m. É uma estrutura versátil quanto aos vãos a serem vencidos, em geral de 3 m a 12 m; com reforços metálicos nas emendas e peças duplas de madeira, uma tesoura pode vencer vãos da ordem de 20 m ou 30 m. Possui algumas desvantagens: é difícil encontrar boa madeira, a mão de obra especializada é escassa, a madeira não resiste ao fogo, as peças podem sofrer a ação de fungos e insetos, exigindo, portanto, os devidos tratamentos. Mesmo assim, é um sistema que pode ser projetado para vencer grandes vãos e como solução arquitetônica integrada aos espaços de convívio. Cumpre destacar, ainda, que tesouras de madeira são sustentáveis, o que é um valor que deve prevalecer no tempo.

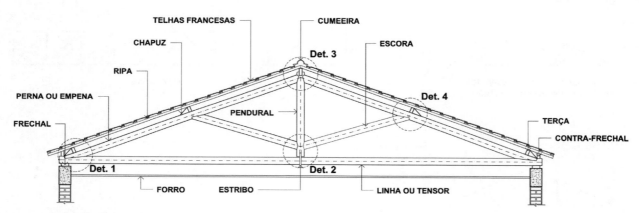

TESOURA - Corte transversal

Telhados

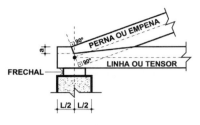

DETALHE 01   a ≥ 20 mm

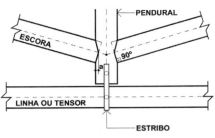

DETALHE 02   a ≥ 20 mm

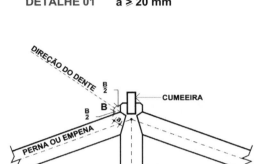

DETALHE 03   a ≥ 20 mm

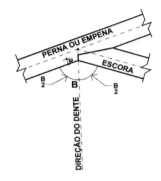

DETALHE 04   a ≥ 20 mm

Esquadrias das terças* tomando por base 110 kg/m² de telhado				
Distância entre terças	Distância entre tesouras			
	2,5 m	3 m	3,5 m	4 m
1,5 m	3" x 5"	3" x 6"	3" x 7"	3" x 8"
2 m	3" x 6"	3" x 7"	3" x 8"	3" x 9"
2,5 m	3" x 7"	3" x 8"	3" x 9"	3½" x 9"
3 m	3" x 8"	3" x 9"	3½" x 9"	4" x 10"

Esquadrias dos caibros* tomando por base 110 kg/m² de telhado				
Distância entre caibros	Distância entre terças			
	1,5 m	2 m	2,5 m	3 m
0,5 m	1 ⁷⁄₈" x 3"	2¼" x 3"	3" x 3"	3" x 3,5"

* Monteiro (1976).

SOLUÇÕES DE TELHADOS

Existem vários métodos para uma solução de cobertura. O método das bissetrizes é um deles. Consiste no traçado de bissetrizes a partir das arestas de contorno de um telhado. No exemplo a seguir, temos um método analógico eficiente. Consiste em desenhar as linhas de ripamento até o fechamento do contorno do telhado. Em seguida, é necessário visualizar os elementos (cumeeira, espigão etc.), que se destacarão pela mudança de direção das linhas de contorno – paralelas aos beirais do telhado.

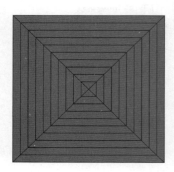

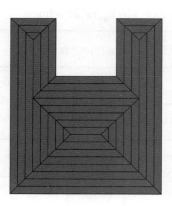

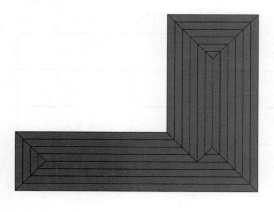
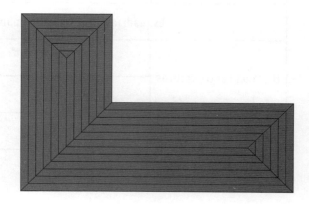

Para a definição da inclinação das águas de um telhado, é necessário seguir as recomendações dos fabricantes de telhas.

O gráfico abaixo apresenta algumas das principais telhas utilizadas e suas respectivas inclinações mínimas dadas em ângulo e em proporção em relação ao vão do telhado.

Utiliza-se, também, a fórmula L/2 x % = H para determinar a altura do telhado, sendo L a distância entre apoios, % a inclinação da telha fornecida pelo fabricante e H a altura da cumeeira.

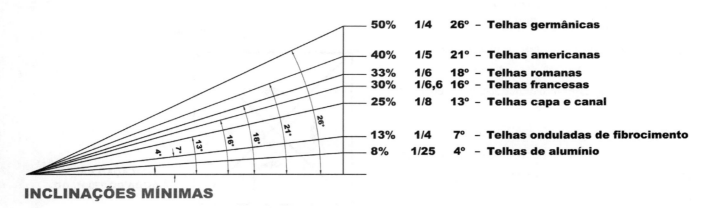

Gráfico de inclinações de telhados

Em telhados com plantas quadradas ou retangulares, o encontro de duas águas adjacentes se faz mediante à bissetriz do ângulo formado pelas fachadas, ou seja, 45°.

Os exemplos ao lado apresentam duas soluções para plantas de telhados ortogonais e águas de mesma inclinação.

Na planta retangular, pode-se iniciar o traçado da cumeeira paralela ao lado maior do retângulo e bissetriz do lado menor. Posteriormente, pelos vértices, traçam-se os espigões, em ângulos de 45°, que interceptarão a cumeeira. Na planta quadrada, traçam-se todos os espigões em ângulos de 45°. Nesse caso, temos uma cobertura em quatro águas com cumeeira em ponto.

No exemplo abaixo, traçam-se as duas cumeeiras A e B paralelas aos lados maiores dos retângulos. Em seguida, traçam-se os espigões e rincões, que são as bissetrizes dos ângulos dos vértices.

Como o telhado é formado por dois blocos desiguais, as cumeeiras A e B possuem alturas diferentes. Para ligar as duas cumeeiras, traça-se uma reta a 45° do ponto 1 ao 2. A reta CD, portanto, determina união entre cumeeiras mediante um trecho em espigão devidamente posicionado.

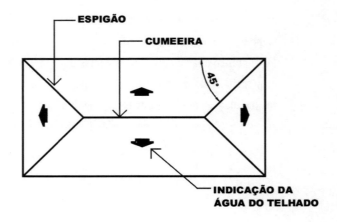

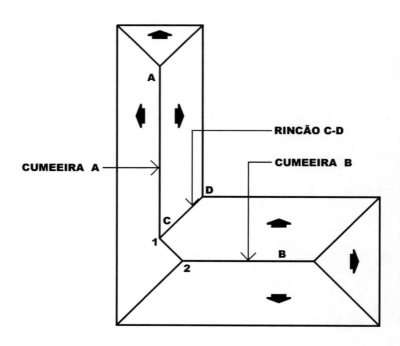

No exemplo abaixo, os dois blocos possuem alturas diferentes, sendo o bloco quadrado de maior altura.

Para desenhá-lo, é necessário marcar as alturas dos beirais em vista (vistas 01 e 02).

Primeiramente, desenha-se a vista 01, na qual será possível determinar a altura H de sua cumeeira.

Transporta-se a altura H para a vista 02, para determinar o ponto b.

Traçando-se uma linha perpendicular, transporta-se o ponto b para a planta.

A partir do ponto b, são traçados os rincões a 45°. Com esse exemplo, observamos que, em alguns casos, um ponto em uma cobertura pode ser determinado a partir do seu traçado em elevação.

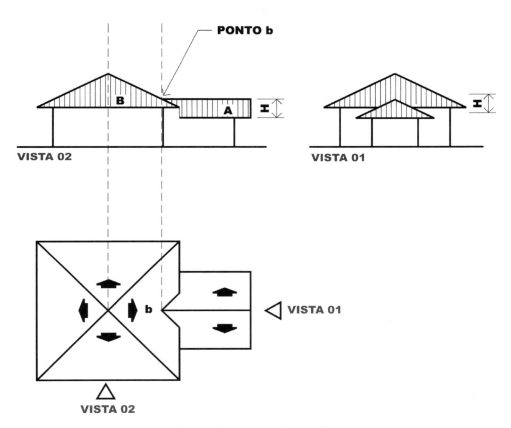

Exemplo de telhado com alturas diferentes

Para o telhado de quatro águas, com desenho irregular, traçam-se todas as bissetrizes dos ângulos formados pelos lados do polígono ABCD. A cumeeira será determinada pela ligação dos vértices EF.

Para desenhar a vista 03, adota-se uma inclinação para o telhado, por exemplo 50%, e utiliza-se a fórmula L/2 x % = h. Obtém-se as alturas h/2 e H/2, que determinam uma cumeeira em desnível.

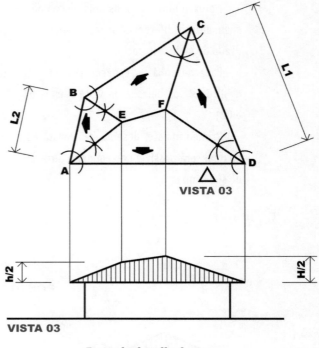

Exemplo de telhado com planta não ortogonal

No exemplo a seguir, o telhado é formado por dois blocos que se interceptam. Para traçá-lo, inicia-se a marcação das cumeeiras e posteriormente traçam-se os espigões e rincões.

As retas CD e BA formam rincões e a reta DB corresponderá a um trecho de cumeeira horizontal (vista 04).

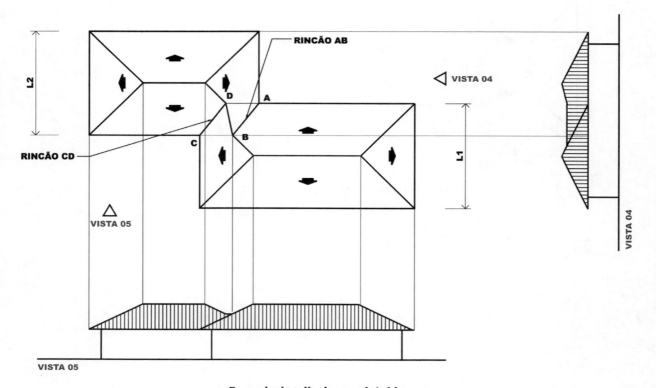

Exemplo de telhado com dois blocos

Nesse outro exemplo de telhado, com planta não ortogonal, traçam-se todas as bissetrizes do polígono ABCDEFG.

Para formar o vértice AB, as linhas CB e GA devem ser prolongadas; o mesmo critério para o vértice FG, prolongamento das linhas EF e AG.

Então traçar as bissetrizes dos vértices AB e FG.

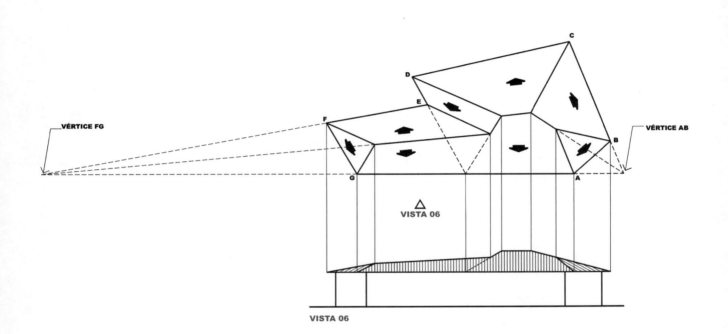

VEGETAÇÃO

O desenho de vegetação nos projetos de arquitetura se reveste de especial interesse ao considerarmos sua capacidade em qualificar as relações entre espaços externos e a implantação do edifício. Desenhos de piso, texturas de materiais, gramados, arbustos e árvores necessitam de tratamento gráfico para distinguir as diferentes identidades de cada elemento. Nosso interesse se concentra na representação gráfica da vegetação com as informações necessárias ao entendimento técnico do projeto, e que informem, com clareza, as características básicas de cada espécie, por meio de seu desenho característico.

As vegetações representadas a seguir possuem coerência em função da espécie, com o devido nome popular, diâmetro e altura. É importante que a representação gráfica esteja embasada nas orientações específicas da disciplina de Paisagismo e em sua bibliografia específica. Um projeto de paisagismo representa a vegetação com desenho geométrico, muitas vezes, e com caracterização simbólica da espécie. Porém, o arquiteto paisagista utiliza tais recursos com base em linguagem técnica convencionada com as devidas legendas e notas explicativas. Em arquitetura, a maneira como elaboramos as representações gráficas das vegetações, com sua gama de tons e texturas, gera um interessante contraponto com as áreas construídas.

É uma boa prática levar o material de desenho quando for a uma praça ou parque. O passeio pode se tornar mais produtivo. Faça alguns desenhos de vegetação. Essa atividade pode ser prazerosa, além de ampliar seu repertório gráfico. Use uma grafite macia da série B. Trabalhe com liberdade. Não pense em fazer o melhor no primeiro esboço. O pintor francês Paul Cézanne (1839-1906) pintou cerca de 77 vezes o monte Victoire. O pintor espanhol Pablo Picasso (1881-1973) fez cerca de 700 estudos para *Les demoiselles d'Avignon*, considerada a obra inaugural do cubismo. A qualidade vem com a prática.

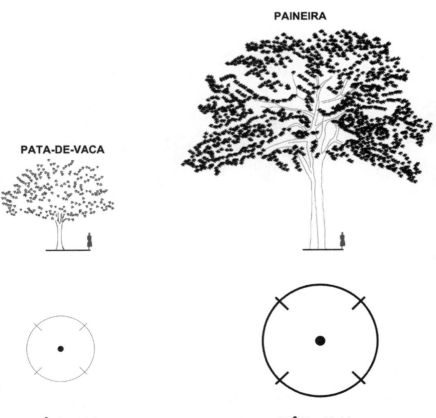

Vegetação

CIPRESTE
DIÂM.: 3.00 m
H = 20.00 m

PLÁTANO
DIÂM.: 8.00 m
H = 15.00 m

GREVILHA
DIÂM.: 5.00 m
H = 15.00 m

PATA-DE-VACA
DIÂM.: 6.00 m
H = 8.00 m

PAINEIRA
DIÂM.: 10.00 m
H = 20.00 m

Escalas de representação em arquitetura

JERIVÁ

SEAFORTIA

ARECA-BAMBU

DIÂM.: 4.00 m
H = 15.00 m

DIÂM.: 3.00 m
H = 15.00 m

DIÂM.: 6.00 m
H = 12.00 m

HIBISCO

AZALÉA

CRÓTON

DIÂM.: 2.50 m
H = 4.00 m

DIÂM.: 1.50 m
H = 3.00 m

DIÂM.: 2.00 m
H = 4.00 m

Vegetação 179

**Exemplo de paisagismo:
planta e corte**

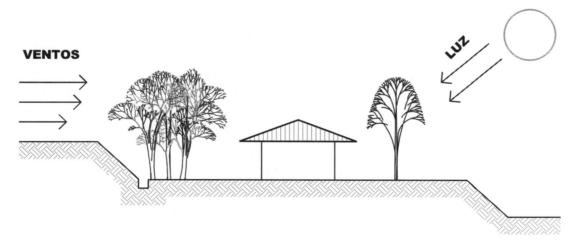

Exemplo de paisagismo em relação à construção

DETALHES CONSTRUTIVOS

TODA LINHA TEM UM SIGNIFICADO CONSTRUTIVO

"Deus está nos detalhes", "O detalhe é o espírito", "Não se faz um detalhe todos os dias" são frases do arquiteto alemão Ludwig Mies van der Rohe (1886-1969), e que denotam a importância do detalhamento dos projetos arquitetônicos. Mies foi o último diretor da Bauhaus. Inaugurada em 1919, por Walter Gropius, foi uma escola de arquitetura pioneira na metodologia cujo escopo "específico era concretizar uma arquitetura moderna que, como a natureza humana, abrangesse a vida em sua totalidade". Para tanto, o objetivo era o de realizar "objetos e construções projetados expressamente para a produção industrial".[21] Quando a escola foi fechada pelos nazistas em 1933, Mies van der Rohe transferiu-se para Chicago, EUA, onde realizou suas obras mais notáveis. Projetos desenhados à mão com rigor de detalhes, como a residência Farnsworth House, Illinois, 1946-1950, também conhecida como Casa de Vidro, que se tornou um ícone da arquitetura moderna, alvo de uma infinidade de reportagens como a edição especial da revista *GA*. Essa publicação não apresenta apenas fotos da casa construída, mas seu projeto executivo completo. Projeto caracterizado por Mies como "quase nada" enquanto concepção, teve longo e paciente detalhamento que cobria da implantação aos parafusos de fixação das esquadrias.

---

[21] Gropius (1982, p. 30).

ALVENARIA ESTRUTURAL ARMADA
COORDENAÇÃO MODULAR
Um denominador comum dimensional para vãos e vedos

Os projetos desenvolvidos em alvenaria estrutural armada tendem a reduzir o desperdício e o retrabalho, bem como a utilização de formas de madeira. Mas tem a desvantagem, se comparado ao o sistema convencional (superestruturas em concreto armado, vedações autoportantes) pela falta de flexibilidade devido ao sistema estrutural, vedações e instalações atuarem de forma integrada.

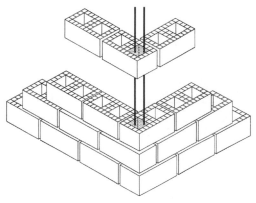

ARMADURA DE AÇO E GRAUTE

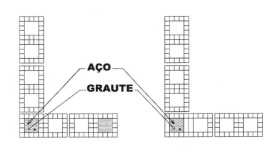

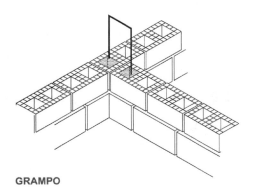

GRAMPO

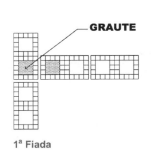

1ª Fiada

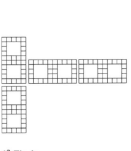

2ª Fiada

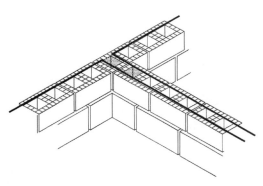

AÇO A CADA 2 FIADAS HORIZONTAIS

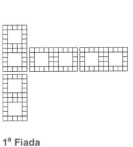

1ª Fiada

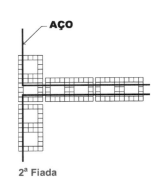

2ª Fiada

184 Escalas de representação em arquitetura

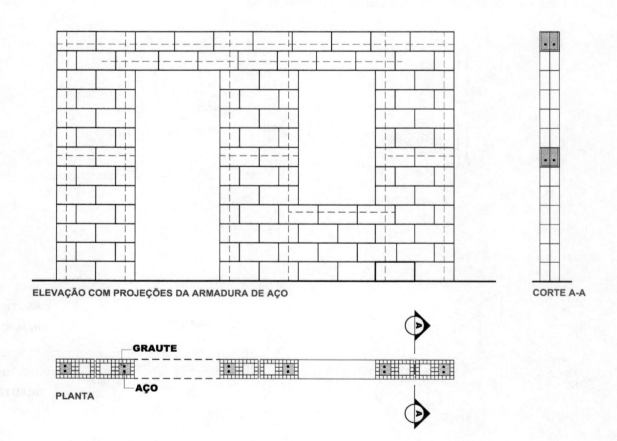

Detalhes construtivos 185

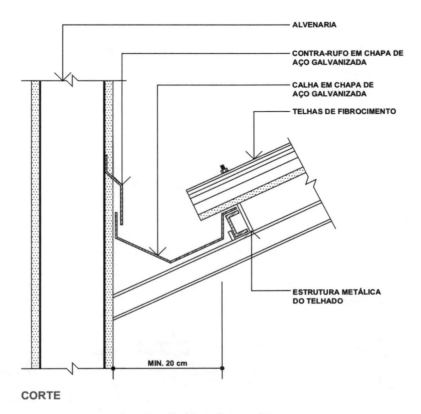

Detalhe de calha metálica
(medidas em centímetros)

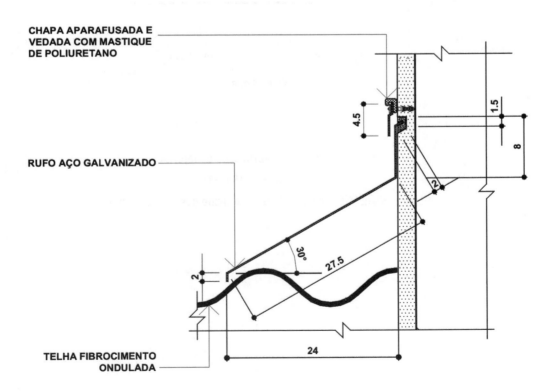

CORTE

Rufo de chapa metálica em telhado
(medidas em centímetros)

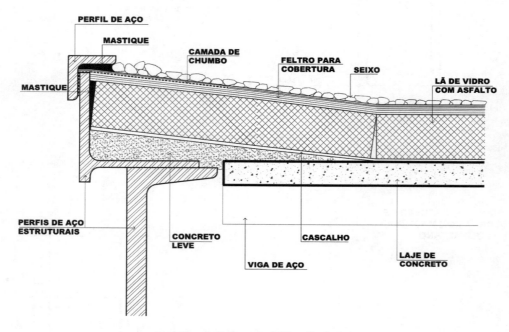

Detalhe de impermeabilização de laje
Casa Edith Farnsworth, 1946-1951
Arquiteto Ludwig Mies van der Rohe (conforme desenho original)

ESQUADRIAS DE MADEIRA

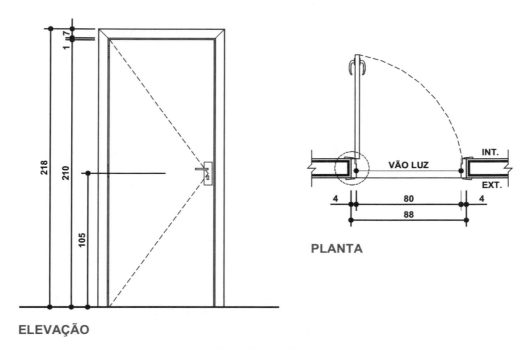

Porta de madeira
(medidas em centímetros)

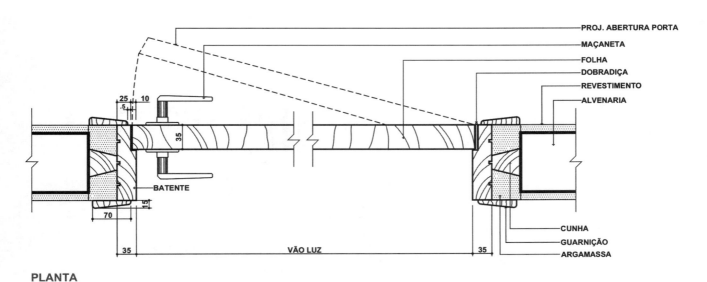

Detalhe porta de madeira
(medidas em milímetros)

Obs.: portas de madeira: folhas, batentes – sistema de fixação mediante cunhas de madeiras, guarnições, ferragens – dobradiças, maçanetas e fechadura.

Escalas de representação em arquitetura

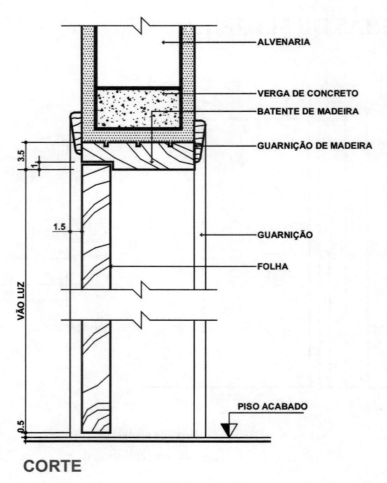

Batente em corte
(medidas em centímetros)

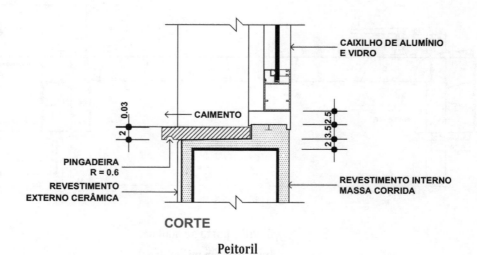

Peitoril
(medidas em milímetros)

SOLEIRAS, RODAPÉS E PEITORIS

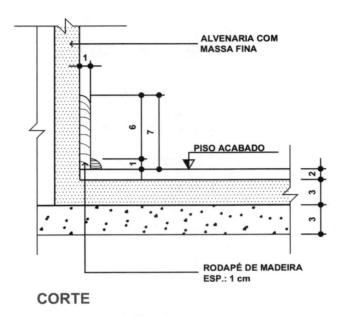

Rodapé de madeira
(medidas em milímetros)

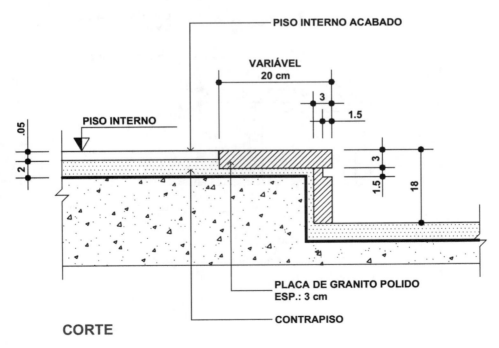

Soleira de entrada
(medidas em centímetros)

Escalas de representação em arquitetura

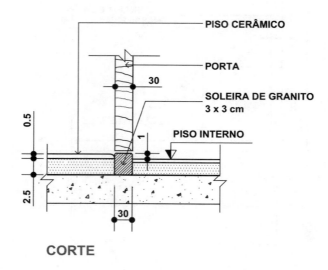

Soleira
(medidas em centímetros)

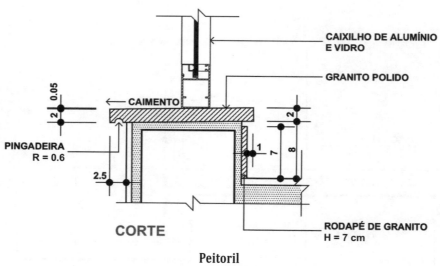

Peitoril
(medidas em milímetros)

ESQUADRIAS METÁLICAS

Tipologias	Vantagens	Desvantagens
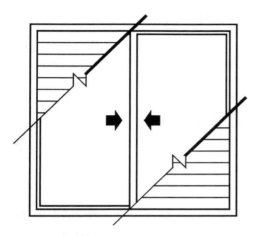 Modelo de correr com veneziana de correr	1) Facilidade de manobra. 2) Ventilação controlada pela abertura das folhas. 3) Possibilidade de colocação de grades e/ou telas.	1) Vão para ventilação – 50% do vão da janela. 2) Dificuldades de limpeza na face externa. 3) Vedações necessárias nas juntas.
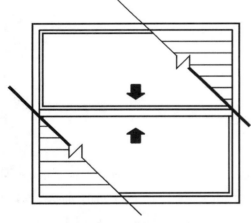 Modelo guilhotina com veneziana de abrir	1) As mesmas vantagens da janela tipo de correr.	1) Caso as janelas tenham sistemas de contrapeso ou de balanceamento, constitui problemas. 2) Dificuldades de limpeza na face externa. 3) Vedações necessárias nas juntas abertas.
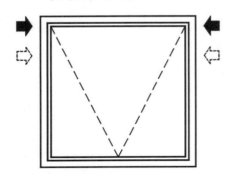 Modelo projetante deslizante	1) Não ocupação de espaço interno. 2) Possibilidade de ventilação nas áreas inferiores do ambiente. 3) Abertura até 90° (horizontal) o que facilita limpeza. 4) Boa estanqueidade, devido à pressão do vento sobre a folha.	1) Não permite o uso de grades e/ou telas na parte externa. 2) Libera parcialmente o vão.

Escalas de representação em arquitetura

Tipologias	Vantagens	Desvantagens
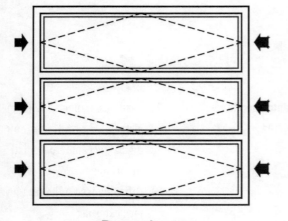 Abrir (folha dupla)	1) Boa estanqueidade. 2) Libera o vão na abertura máxima. 3) Facilidade de limpeza. 4) Permite o uso de telas, grades ou persianas.	1) Ocupa espaço interno caso as folhas abram para dentro. 2) Não é possível regular a ventilação.
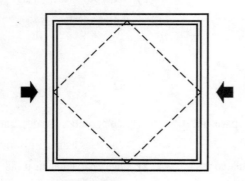 Basculante	1) Ventilação constante, mesmo com chuva sem vento. 2) A projeção reduzida para ambos os lados não prejudica as áreas próximas a ela. 3) Facilidade de limpeza.	1) Não libera o vão para passagem total. 2) Estanqueidade reduzida.
Pivotante horizontal	1) Facilidade de limpeza. 2) Maiores dimensões com um único vidro. 3) Abertura em qualquer ângulo quando utiliza pivôs com ajuste de freio, o que permite o controle de ventilação. 4) Favorece a ventilação em todo o ambiente.	1) Dificuldade de utilização de telas, grades ou persianas. 2) Pode ocupar espaço interno caso o eixo seja no centro da folha.

PORTA RETRÁTIL

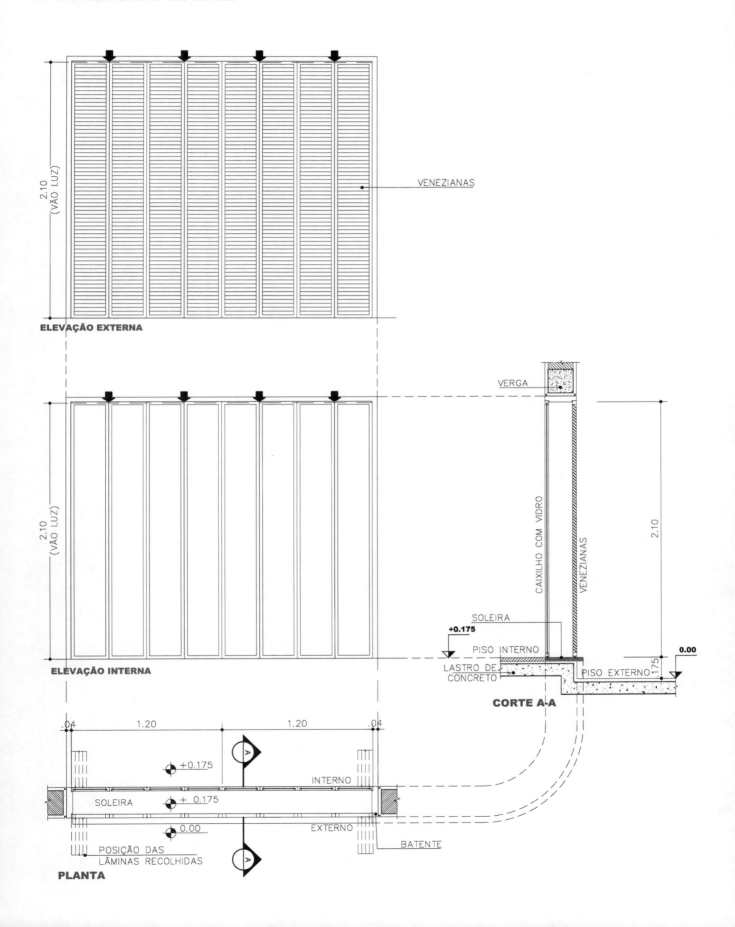

ARCO

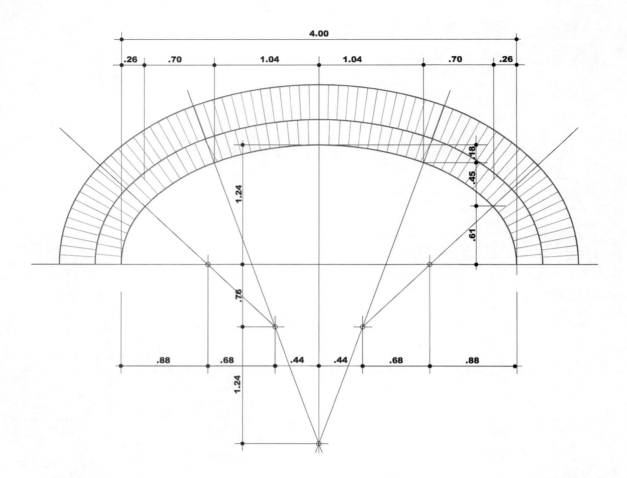

PERSPECTIVA

"I believe that painting, sculpture and architecture need controllable form."

Theo van Doesburg

Quando folheamos os livros de história da arte, notamos que à antiguidade clássica pertencem exemplos notáveis de esculturas com esmerada noção de proporção, rigor de detalhes e sensibilidade artística. E são muitas as esculturas com tais qualidades realizadas pela tradição greco-romana; embora o acervo de obras intactas seja escasso, mesmo a exposição de troncos de torsos ainda é capaz de nos maravilhar. O mesmo não ocorre quando se trata de pintura. O período clássico possui uma grande tradição de pintura mural, exemplos preciosos de uma época. Mas como ter controle sobre o espaço de representação se é preciso transportar ou traduzir as noções de espaço tridimensional em uma superfície bidimensional, eis a questão. Mas a pintura greco-romana sofre uma divergência de critérios se comparada à arte escultórica no que se refere ao controle da forma, talvez devido a uma concepção de espaço baseada na finitude e descontinuidade, enquanto os pressupostos indispensáveis para os fundamentos da perspectiva são a continuidade e a infinitude, e esse é o critério de representação mais próximo da nossa visão.

No Renascimento, é notável que o controle do espaço pictórico tenha se destacado, de forma radical, da antiguidade clássica e da Idade Média. O simbolismo e convenções ainda podem estar presentes, mas o conjunto de objetos e figuras, a noção de profundidade e as proporções são trabalhadas com maestria, acentuando uma tendência descrita por Júlio Katinsky como "O ocidente europeu caminhava para um 'relato' do nosso ambiente cada vez mais preciso",[22] e isso se deve à descoberta de uma técnica desconhecida até o século XV.

O arquiteto florentino Filippo Brunelleschi (1377-1446) tem o reconhecimento histórico como o inventor da perspectiva enquanto construção geométrica exata, em cerca de 1420, e Leon Battista Alberti (1404-1472) foi o divulgador do método, com seu *Tratado de Pintura* (1435-1436),[23] pois nele encontra-se descrito o primeiro método de construção da perspectiva denominada exata.[24]

Um retábulo pintado por Brunelleschi parece ter "sugerido a Alberti o princípio de sua câmara obscura". Esse retábulo tinha "de ser olhado pelo reflexo de um espelho posto na frente e paralelamente à superfície pintada, através de um furo que fora aberto nele [...] Pelo artifício do furo aberto no meio do retábulo, o espectador era obrigado

---

[22] Katinsky (2002, p. 15).
[23] Os interesses clássicos e matemáticos renascentistas estão exemplificados em dois tratados sobre pintura e escultura de L. B. Alberti.
[24] Panofsky (1981).

a observar a pintura, refletida no espelho, do mesmo ponto de vista em que se colocara o pintor. A reta que une o olho do pintor ao centro da coisa representada já é aquilo que Alberti chamaria de raio cêntrico, ou seja, o eixo da pirâmide visual, cujo vértice coincide com o ponto de fuga".[25]

Sobre o retábulo de Brunelleschi, seu biógrafo esclarece:

"Naquele tempo propôs e realizou, ele próprio, aquilo que os pintores de hoje chamam perspectiva; porque esta é uma parte daquela ciência que, de fato, consiste em estabelecer correta e racionalmente as diminuições e os acréscimos que aparecem ao olhar dos homens, nas coisas que estão longe ou perto: edifícios, planícies e montanhas e cidades de qualquer proporção [...] e em distância em que se mostram; e dele nasceu a regra, na qual está a importância de tudo o que se fez daquele tempo em diante."[26]

Giotto di Bondone (1266?-1337) antecipa a perspectiva exata quando dispõe um conjunto de elementos de composição de forma oblíqua em suas pinturas. Também avança com o domínio da ilusão de profundidade mediante sombras e escorço. Ao artista florentino cabe, também, a ruptura quanto ao pensamento medieval, ao considerar a realidade a partir de sua experiência sensorial, e à percepção interna mediante sua experiência psicológica.

Mas, por volta do ano 1000, um matemático árabe, denominado Alhazen,[27] foi quem primeiro formulou o princípio da percepção de objetos no espaço. Ainda que não tenha sistematizado a técnica da perspectiva, reconheceu que "a visão de um objeto se deve à reflexão e direcionamento para os olhos, de raios de luz incidindo em cada ponto do mesmo objeto".[28] Alhazen descreve que o cone de raios da forma de uma mão, o que inclui seu contorno, tem seu diâmetro reduzido, gradativamente, à medida que a mesma se afasta de seu observador. Ao aproximar a mão percebe-se que o cone virtual, que envolve a forma da mão, aumenta. Embora tais noções tenham ficado na sombra por cerca de seiscentos anos, o conceito de um cone de raios que vai do objeto para os olhos, será o fundamento da perspectiva renascentista. Na biblioteca do Vaticano, existe uma cópia manuscrita do trabalho de Alhazen com anotações de Lorenzo Ghiberti (1378-1455).

A técnica de perspectiva interessa aos renascentistas, além da representação de profundidade, também pelo efeito de movimento que a mesma propicia. A concepção é coerente com um universo em que a terra não se encontra mais fixa no centro do universo, como até então se pretendia, mas em movimento ao redor do sol.

---

[25] Argan (1999, p. 87).
[26] Argan (1999, p. 88).
[27] Bronowski (1983).
[28] Bronowski (1983, p. 179).

A perspectiva evoluiu muito até os dias atuais, em especial, devido aos novos instrumentais em meio eletrônico. Sua principal característica é a precisão, quer do desenho, quer dos recursos de luz, sombras e cores, tornando os objetos extremamente fidedignos aos objetos reais. Apesar do instrumental avançado, os princípios desenvolvidos no Renascimento mantêm sua validade.

TÉCNICA

Perspectiva é o método da representação do espaço que corresponde à nossa percepção visual. Tudo que vemos possui uma deformação determinada pela distância e pela nossa visão cônica. A perspectiva consiste em representar graficamente as deformações aparentes por nós percebidas. É um método pelo qual representamos as 3 dimensões numa superfície com 2 dimensões. Fornece-nos três elementos indispensáveis: a) a ideia de dimensão e volume; b) a sensação de distância; c) uma sugestão de espaço.

A perspectiva é um dos principais recursos com que o arquiteto, o engenheiro, o desenhista, o construtor, o artista, o decorador, e todos aqueles que desejam planejar ou construir algo, podem se valer para a representação de uma ideia. Embora a perspectiva ofereça um conjunto de informações muito completo, será com o projeto executivo, composto de cortes, plantas e detalhes, que se constrói, seja uma casa, uma ponte, um automóvel.

PERSPECTIVA ISOMÉTRICA

Axonometria é a perspectiva em que eixos ortogonais em relação ao plano de projeção, representados em verdadeira grandeza, e paralelos entre si, determinam planos inclinados (isometria) ou paralelos (cavaleira) em relação a esse mesmo plano de projeção. O prefixo "axon" deriva do grego e significa eixo; metria deriva de metro.

A perspectiva isométrica é uma perspectiva axonométrica em que os planos adjacentes estão a 30° em relação ao plano de projeção. Seria como girar um cubo de tal forma que três de suas faces ficassem visíveis. As dimensões são tomadas em verdadeira grandeza. O prefixo "iso" deriva do grego e significa igual, constante. É possível adotar um fator de redução de 0,816 para a perspectiva ficar melhor proporcionada.

1º passo:
desenhar as vistas da peça.

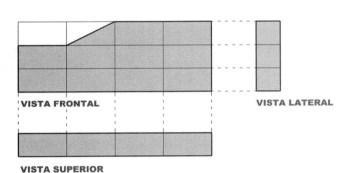

2º passo:
construir 3 linhas básicas nas quais serão marcadas as dimensões.

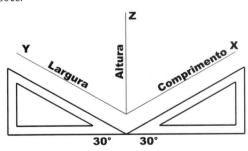

3º passo:
construir um volume básico de referência.

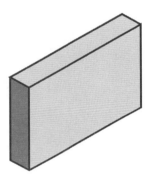

4º passo:
marcar o torno da peça, usando as medidas das vistas.

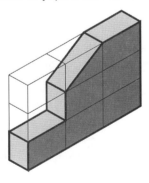

5º passo:
apagar as linhas auxiliares e realçar a peça.

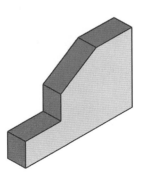

PERSPECTIVA MILITAR E CAVALEIRA

As perspectivas militar e cavaleira pertencem à modalidade de projeções cilíndricas oblíquas.

No caso da militar, a vista superior ou planta do objeto é desenhada em verdadeira grandeza, com um ângulo de inclinação de 30° e 60°. A dimensão das alturas é reduzida pela metade.

Na perspectiva cavaleira, o comprimento e a altura do objeto a ser perspectivado não sofrem redução. Apenas a profundidade será reduzida por um fator. Assim, quanto maior o ângulo, maior será a deformação do objeto.

Na perspectiva cavaleira, as projeções são paralelas entre si e há sempre uma face do objeto paralela ao quadro.

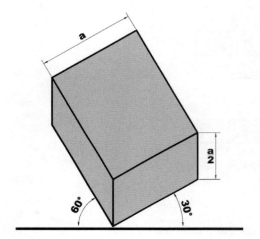

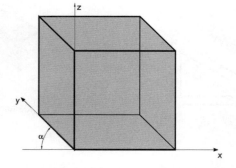

α → Ângulo dos fugantes ou fugitivos

ÂNGULO	REDUÇÃO
15°	$\frac{1}{1}$
30°	$\frac{2}{3}$
45°	$\frac{1}{2}$
60°	$\frac{1}{3}$

PERSPECTIVA

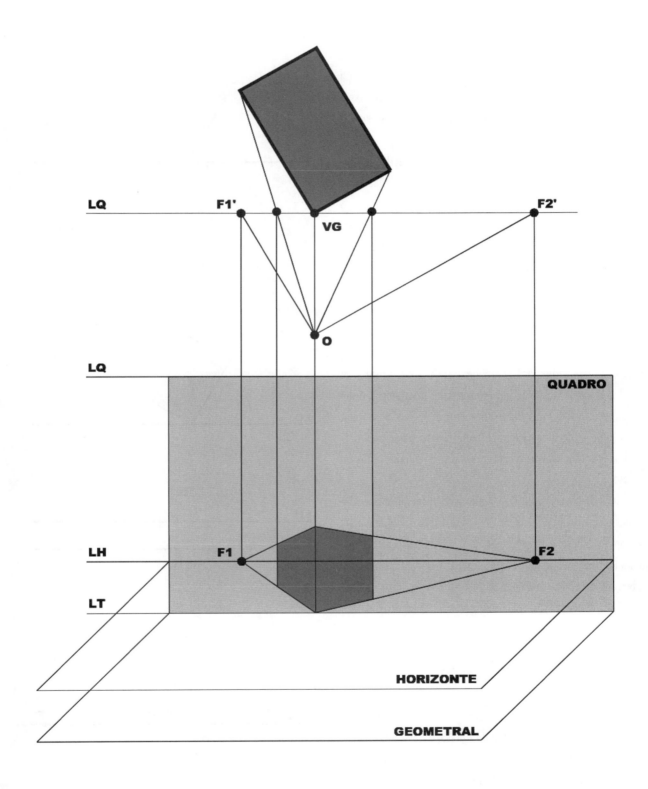

PERSPECTIVA EXATA COM 2 PONTOS DE FUGA

1º passo

Linha de quadro (LQ) – representa o plano que intercepta os pontos em perspectiva. Ao ligarmos um ponto ao observador, temos uma reta que intercepta LQ. Sua posição em LQ determina o ponto em perspectiva.

Objeto – é o volume geométrico a ser perspectivado. Geralmente se posiciona a 30º/60º em relação à LQ, mas nada impede a adoção de quaisquer outros ângulos. Nesta etapa, o objeto é representado mediante vista superior ou planta, em uma escala adequada. O objeto pode interceptar LQ ou não, dependendo do resultado pretendido.

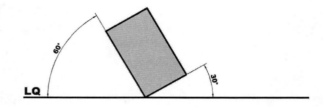

2º passo

Observador (O) – a posição do observador é determinada pela distância – dimensão ortogonal em relação à linha de quadro – e pelo deslocamento horizontal – paralelo à linha de quadro. A distância determina as proporções do objeto, quando próximo demais o ângulo da base torna-se agudo. O deslocamento permite um maior enfoque de um dos lados do objeto.

Linha do horizonte (LH) – é a altura do observador considerada a partir da linha de terra. Se o observador adotado é mais alto que o objeto, este será visto de cima, de baixo para cima, quando menor, ou de seu eixo intermediário, quando sua altura interceptar o objeto pela metade.

Linha de terra (LT) – é uma reta paralela a LQ; é a base em que se projeta o objeto.

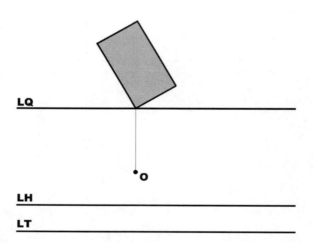

3º passo

Ponto de fuga (PF) – é uma reta que se estende do observador paralela a um dos lados do objeto, e deve interceptar LQ. Os pontos de fuga são em função da posição e distância de O. Quando demarcados em LQ são denominados fugas auxiliares (F1' e F2'); projetados sobre LH, são os fugas utilizados no processo de fato.

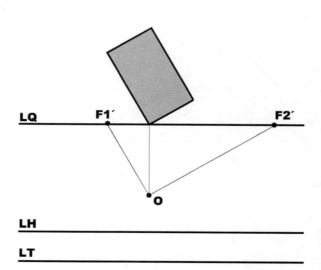

4º passo

Os pontos F1' e F2' projetados sobre LH determinam os fugas F1 e F2.

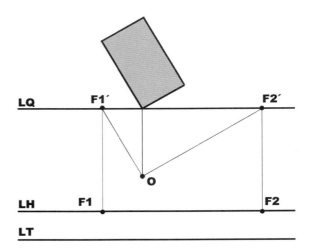

5º passo

Verdadeira grandeza (VG) – a aresta do objeto sobre LQ está em sua verdadeira grandeza. A projeção desse ponto à LT é a referência para a marcação das dimensões a serem estendidas aos pontos de fuga.

Altura em verdadeira grandeza (HGV) – as dimensões verticais devem ser assinaladas em sua verdadeira grandeza, na mesma escala da planta, portanto.

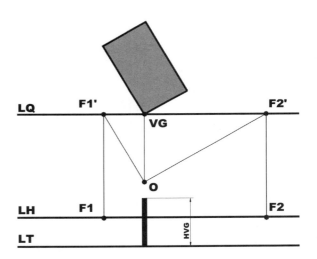

6º passo

As dimensões marcadas na linha de VG estarão na mesma escala do objeto perspectivado. A união entre as extremidades da linha de VG e os fugas determinam as alturas em perspectiva.

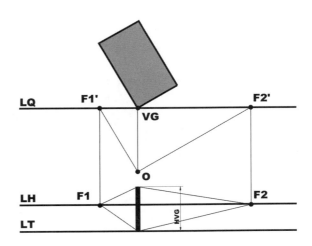

7º passo

Os pontos que interceptam LQ serão estendidos à LT e determinam a altura das arestas em perspectiva.

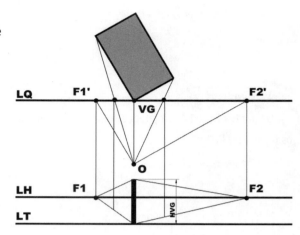

8º passo

Reforçar as linhas contidas pelos pontos de fuga.

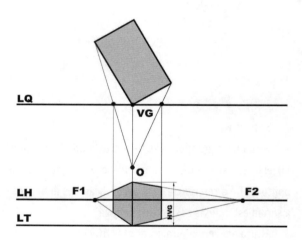

9º passo

Perspectiva com escala humana e referência paisagística, recurso indispensável para a compreensão de uma ordem de grandeza do objeto.

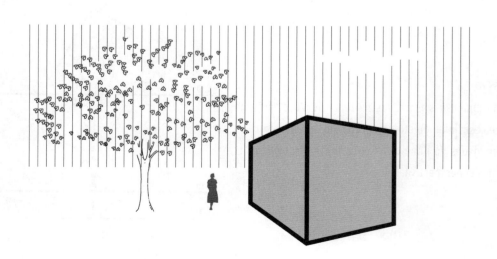

MÉTODO PARA A PERSPECTIVA DE LINHAS CURVAS COM DOIS PONTOS DE FUGA

A perspectiva de circunferências se faz com o método para um ponto principal. O círculo é posicionado tangente à linha de quadro e os pontos de distancia acompanham a diagonal do quadrado que circunscreve a circunferência. A posição do observador se faz pelo eixo, e a distância e a altura podem variar. Com as diagonais e mediatrizes do quadrado, podem-se determinar, com precisão, os pontos de tangência da circunferência. Observe: com a interseção da diagonal com o círculo, encontramos o ponto T que, projetado sobre LT, determinará os pontos de tangência da circunferência em perspectiva. O quadrado é projetado pela linha de base, tangente a LQ, em VG, portanto, e perspectivado mediante o ponto principal – projeção de O sobre LH. As diagonais do quadrado, projetadas sobre os pontos de distância F1 e F2, determinam sua profundidade. Com o controle da altura do observador, bem como de sua distância, poderemos representar a circunferência em vista superior ou inferior. Com esse método, podemos representar uma coluna estrutural, cilindros de caixa d'água, ou volumes cilíndricos em geral.

Escalas de representação em arquitetura

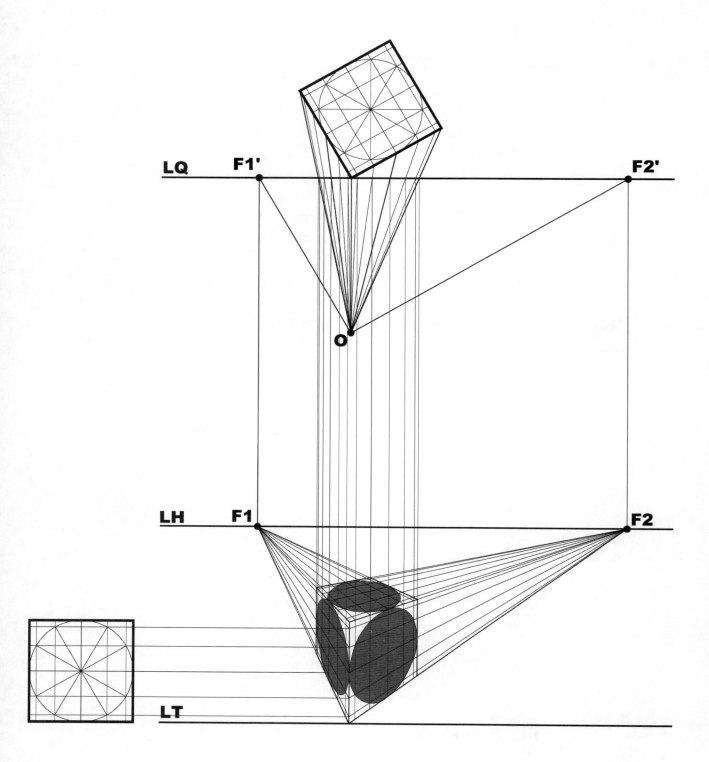

PERSPECTIVA PARA LINHAS CURVAS

Essa é uma solução para perspectivas axonométricas. Depois de construído o cubo a 30°, traça-se as diagonais para levantar-se as mediatrizes. Em seguida, unem-se as arestas às mediatrizes determinando-se, assim, os centros de circunferências, com um raio maior (R), correspondente à diagonal da figura, e um menor (r), determinado pela união das mediatrizes. Em seguida, determinam-se os arcos a partir dos centros, conforme indicado.

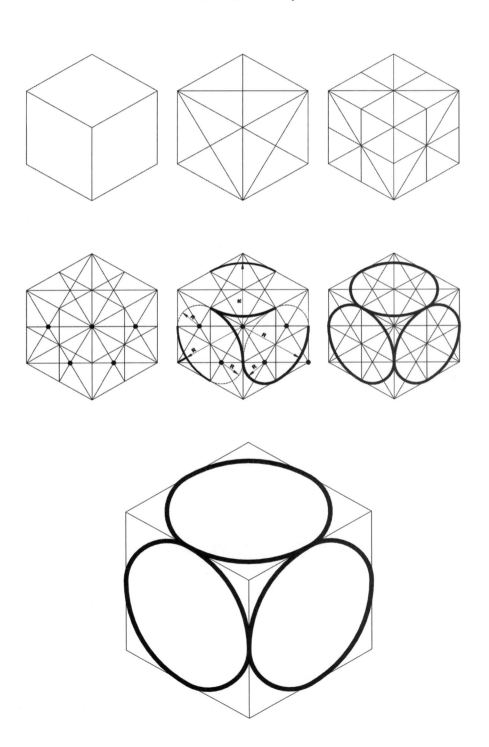

PERSPECTIVA EXATA COM 2 PONTOS DE FUGA: SOMBRAS

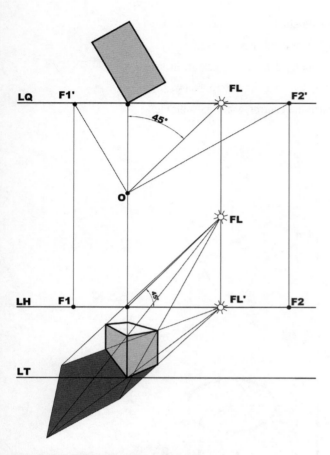

SOL NA FRENTE DO OBSERVADOR
FL = FONTE DE LUZ

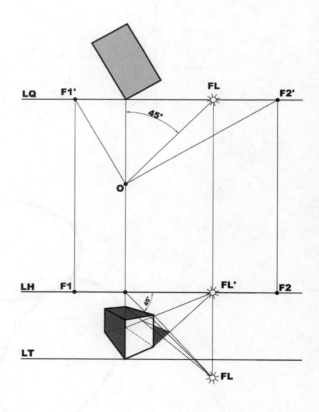

SOL ATRÁS DO OBSERVADOR
FL = FONTE DE LUZ

EXERCÍCIOS RESOLVIDOS

1. Paralelepípedo interseção com LQ

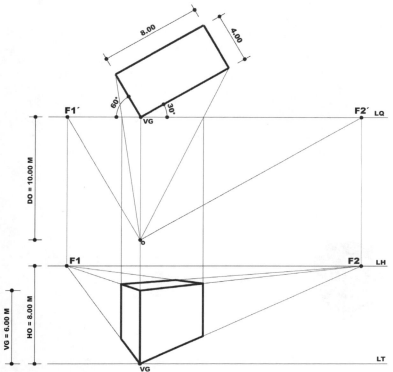

2. Paralelepípedo deslocado de LQ

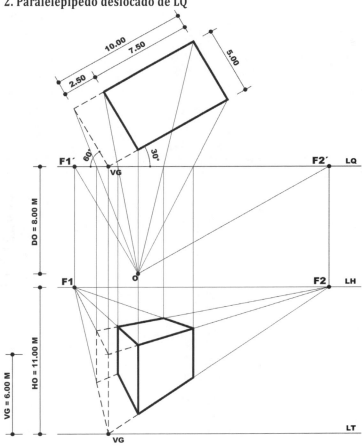

3. Volume escalonado vazado em interseção com LQ

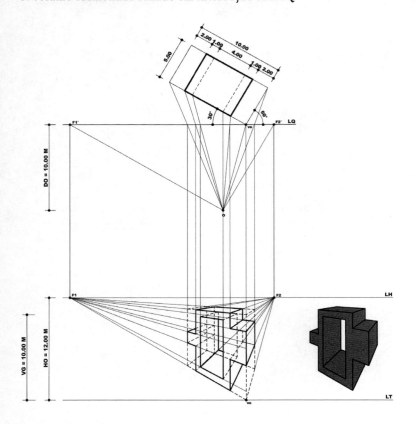

4. Volume escalonado com plano inclinado em interseção com LQ

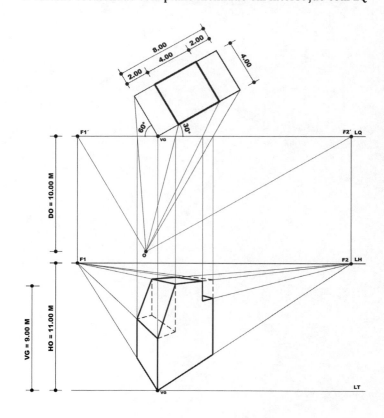

PERSPECTIVA COM OBSERVADOR CENTRAL

1. Escada reta

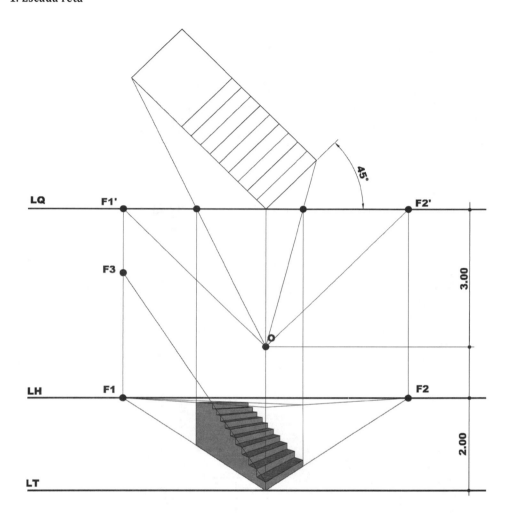

2. Interior com volumes geométricos

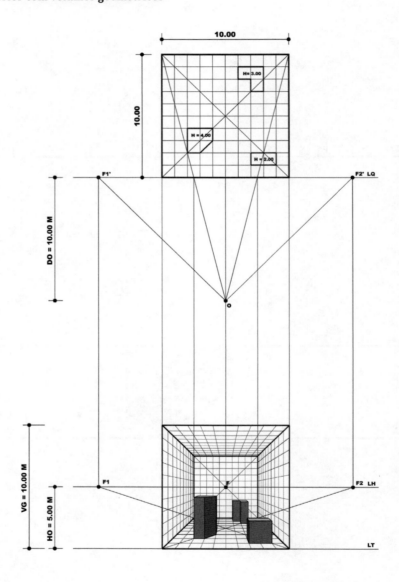

3. Interior com volumes geométricos

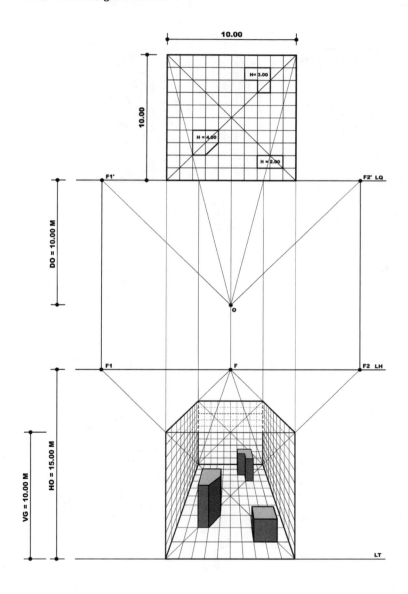

PERSPECTIVA DE AMBIENTE EM DESNÍVEL COM OBSERVADOR DESCENTRALIZADO

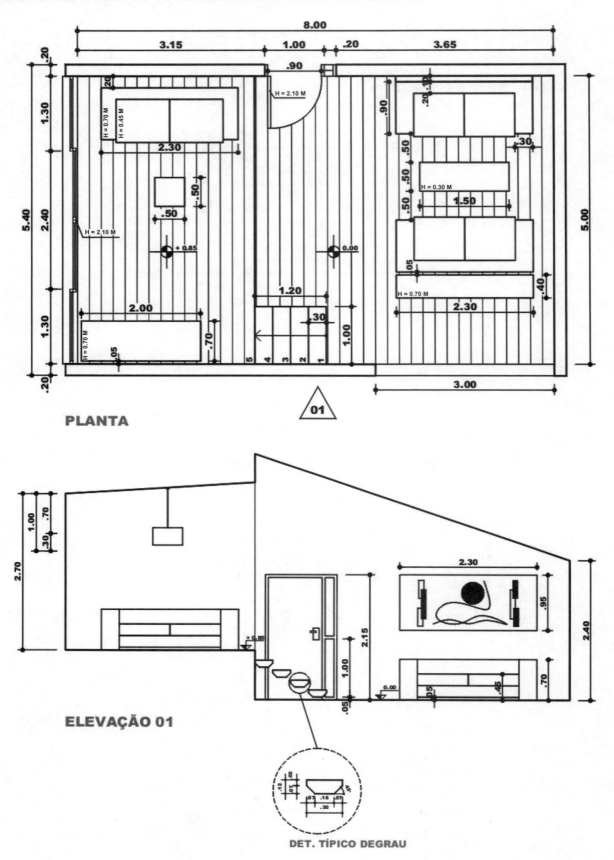

PLANTA

ELEVAÇÃO 01

DET. TÍPICO DEGRAU

Perspectiva 215

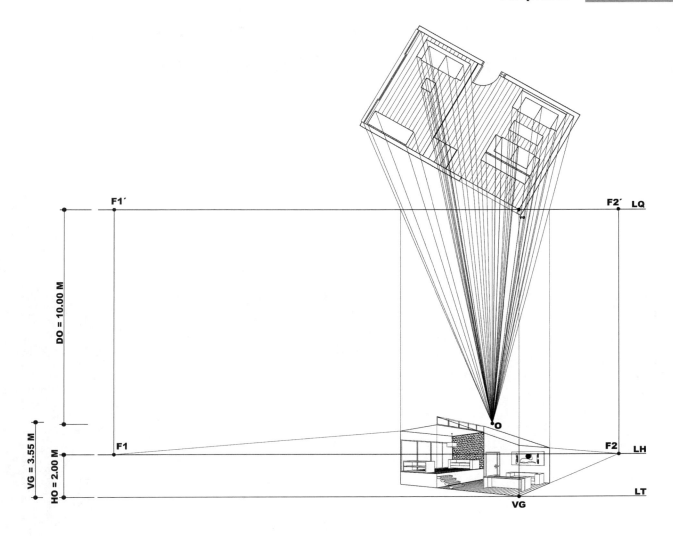

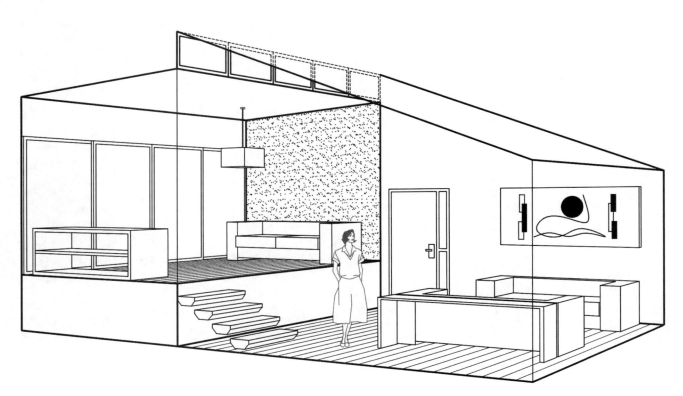

ESTUDO DE PERSPECTIVA COM BASE EM UMA FOTOGRAFIA DO EIXO DA AVENIDA PAULISTA

Haverá tantos pontos de fuga quantas forem as posições relativas dos objetos, mas para cada objeto haverá sempre dois pontos de fuga, haja vista que se adotam arestas verticais paralelas entre si e ortogonais ao geometral, o que exclui um terceiro ponto de fuga – por ser inusual.

DESENHO DE OBSERVAÇÃO

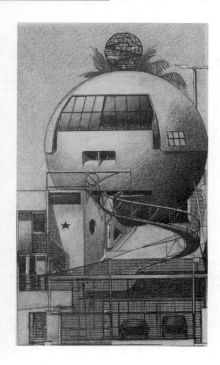

O desenho ao lado é o projeto de uma residência (Casa Bola – Arquiteto Eduardo Longo) e um interessante exemplo de tratamento gráfico. Os vidros são escurecidos, como devem ser em uma elevação, e as vedações são suavemente sombreadas, criando sensação de volume e expressão. No outro exemplo (Arquiteta MSC Edite G. R. Carranza – Desenho a grafite. Projeto João Filgueiras Lima – Lelé), observar as texturas dos materiais, concreto e vidro, as nuvens e a vegetação. A contextualização valoriza a compreensão do projeto. A concepção do desenho é fundada em um contraponto entre as formas da natureza, a linha curva do traçado da rua e as linhas de força do concreto armado.

Desenho de observação

A técnica de elaborar desenhos à mão livre com base na observação direta da natureza e ambiente construído é prática fundamental, pois promove o raciocínio espacial, adestramento manual e sentido de ordem e proporção. Assim, o estudante de arquitetura deve dedicar parte de seu tempo a desenhar o mundo a sua volta. Árvores, edifícios ou ruas que tenham lhe despertado o interesse podem se converter em objeto de estudo, graças à técnica do desenho. Faça alguns testes com materiais. Grafites mais ou menos duras, tipos de papel oferecem diferentes possiblidades de expressão gráfica. Observe pacientemente o objeto de sua escolha. Avalie o plano geral em relação aos detalhes. Se for uma casa, considere sua volumetria e aberturas como portas e janelas e a textura dos materiais. Se for uma rua, delineie a perspectiva do conjunto, os espaços e linha do horizonte. Adote sempre uma escala humana para compreender o tamanho das coisas e afinar o sentido de proporção. Em arquitetura, um desenho sem um parâmetro de proporção ou escala não faz sentido. Com o desenvolvimento da consciência crítica, o futuro arquiteto estará apto a propor soluções novas a edificações e espaço urbano do seu dia a dia.

Escalas de representação em arquitetura

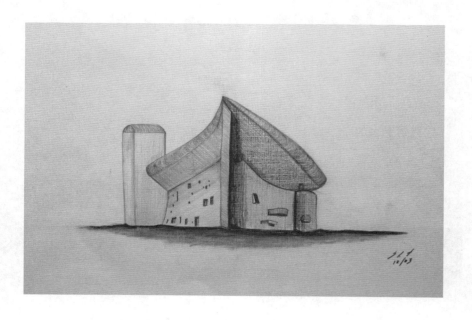

Desenho de observação

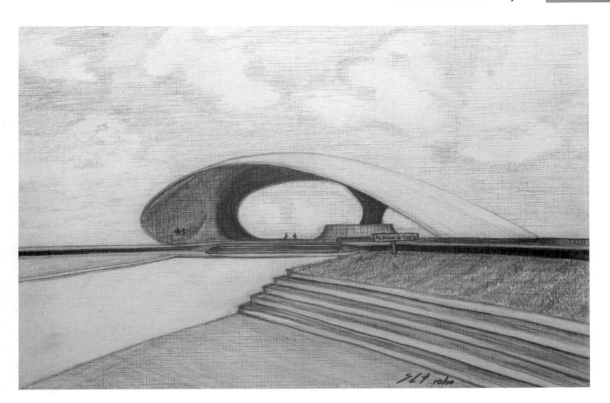

ERGONOMIA E MOBILIÁRIO

O mobiliário é uma peça essencial ao dimensionamento e qualificação dos espaços de convívio. Em uma residência, escritório ou fábrica, para citarmos apenas alguns exemplos, nossas atividades exigem meios e suportes para serem desenvolvidas. O reunir-se para o almoço requer mesa, cadeiras, um aparador, espaços adequados para a colocação dos utensílios e espaços adequados que favoreçam a circulação e movimentação. A disposição do mobiliário envolve raciocínio espacial, previsão e uma boa biblioteca de móveis, máquinas ou equipamentos. O estudo do mobiliário faz parte de uma etapa fundamental no processo de projeto, quando o arquiteto desenvolve uma série de estudos em busca de uma solução. Um ambiente não é desenhado "a priori", mas deve ser objeto de análise criteriosa. O mobiliário utilizado para um estudo de viabilidade deve ser considerado em dimensões precisas, levando em conta seu espaço de utilização. É imprescindível o conhecimento das dimensões de móveis e equipamentos para o adequado projeto dos ambientes em suas várias funções, e também um conhecimento básico de ergonomia.

Nos edifícios de uso comercial, por exemplo, o custo do metro quadrado das construções pode ser muito elevado. É esperado que os escritórios, ou lojas, tenham o aproveitamento racional dos espaços com base em um projeto de arquitetura. O leiaute – desenho com mobiliário em sua disposição de uso – deve levar em consideração o programa – elenco de atividades e mobiliário. Um tipo de mobiliário utilizado com frequência, por ser compacto, são as "estações de trabalho". São móveis formados a partir de componentes industrializados que permitem os mais variados arranjos. As estações possibilitam um leiaute flexível e prolongamento visual nos espaços de trabalho.

Todo mobiliário deve ser estudado em profundidade. A escala de produção industrial exige cuidado extremo com os projetos, qualquer falha pode ser reproduzida aos milhares. Mas, para o correto desenho de mobiliário, é preciso que se conheça, em profundidade, a atividade e seu protagonista – o homem. Para conceber o espaço necessário para a utilização de uma cadeira, é preciso conhecer as dimensões do usuário. Seria inviável a produção de uma cadeira especialmente projetada para um determinado indivíduo, esta seria uma situação especial que envolve solicitações particulares, como a acessibilidade para pessoas portadoras de necessidades especiais. Como regra geral, trabalha-se com dados baseadas em estudos de ergonomia.

Neste capítulo, apresentamos algumas peças de mobiliário, equipamentos, e suas dimensões de utilização. Não pretendemos, com isso, esgotar o tema. Estudos de ergonomia possuem bibliografia específica, e sua análise inclui desde projetos de uma residência, aviões, naves espaciais, até uma simples lapiseira. Apenas procuramos atender, com nosso elenco de móveis e usos, os casos mais comuns para traçar uma linha de raciocínio e delinear critérios.

ERGONOMIA

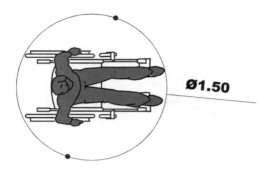

Homem sentado em cadeira de rodas

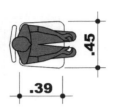

Homem sentado em cadeira de escritório vista superior

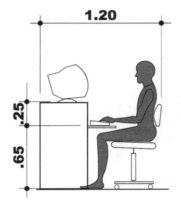

Homem sentado em cadeira de escritório com mesa

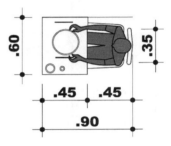

Homem sentado em cadeira de restaurante vista superior

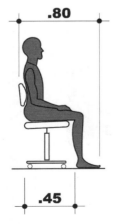

Homem sentado em cadeira de escritório vista lateral

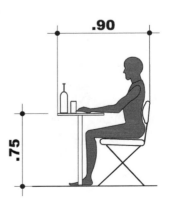

Homem sentado em cadeira de restaurante vista lateral

226 Escalas de representação em arquitetura

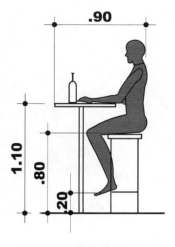

Balcão de restaurante

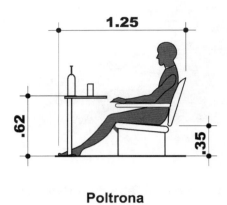

Poltrona

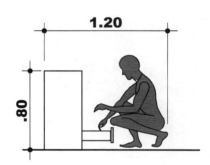

Homem e pia de cozinha

Homem acessando armário baixo

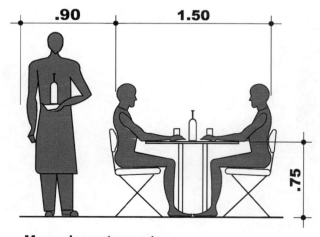

Mesa de restaurante

MOBILIÁRIO E EQUIPAMENTOS PARA RESIDÊNCIAS E ESCRITÓRIOS

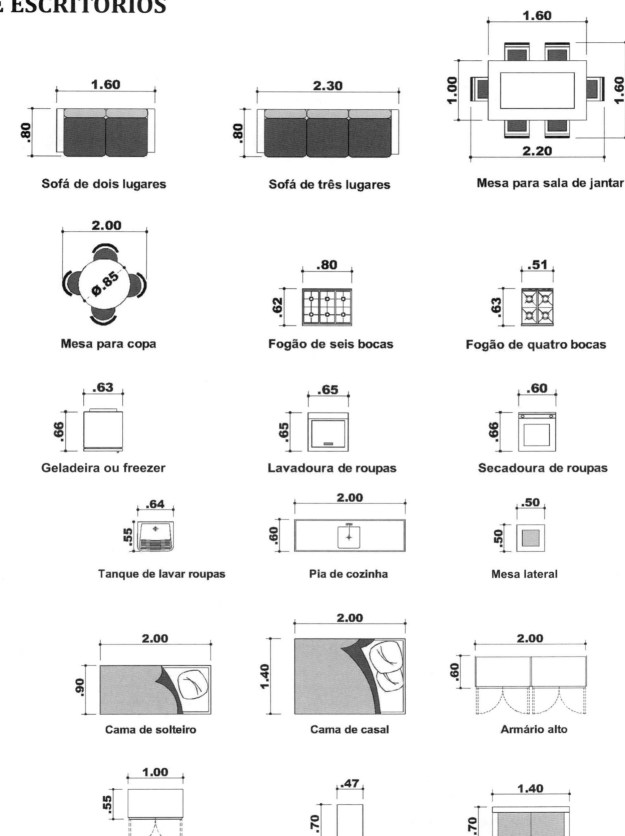

228 — Escalas de representação em arquitetura

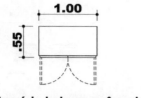
Armário baixo ou cômoda

Arquivo

Sofá para recepção

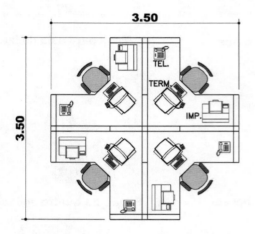
Estação de trabalho para quatro pessoas

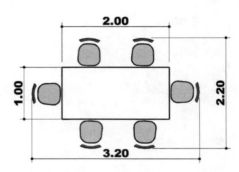
Mesa de reunião para seis pessoas

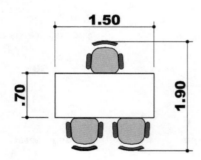
Mesa de trabalho

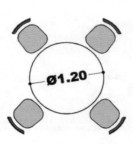
Mesa de reuniões para quatro pessoas

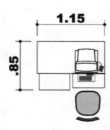
Mesa para microcomputador

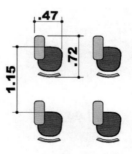
Carteiras

VERBETES[29]

[29] Albernaz e Lima (2000).

Alvenaria = maciço resultante da justaposição de blocos sólidos. Destina-se a suportar esforços de compressão. É composto por pedras, tijolos maciços, blocos de concreto, cerâmicos e sílico-calcários. As fileiras horizontais da alvenaria são denominadas fiadas. A união entre os materiais é chamada de junta, quando alinhadas são denominadas junta-a-prumo, e quando desalinhadas – junta-amarração. Quando preenchidas com graute, microconcreto e armações, constituem a alvenaria estrutural armada.

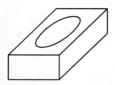

Alvenaria de tijolos maciços de barro
espessura = 11 cm
comprimento = 22 cm
altura = 5,5 cm

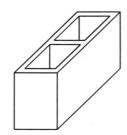

Alvenaria de blocos de concreto
espessura = 7, 9, 11,5, 14 e 19 cm
comprimento = 29 e 39 cm
altura = 19 cm

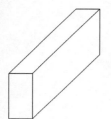

Alvenaria de blocos de concreto celular
espessura = 10, 12,5 e 15 cm
comprimento = 60 cm
altura = 30 cm

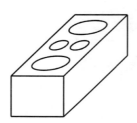

Alvenaria de blocos de sílico-calcário
espessura = 11,5, 14 e 17,5 cm
comprimento = 11,5 e 24 cm
altura = 7,1 e 11,3 cm

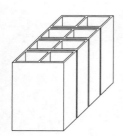

Alvenaria de blocos cerâmicos
espessura = 7, 9, 11,5 e 14 cm
comprimento = 14, 19, 29 e 39 cm
altura = 19 cm

ARQUITETURA = 1. Arte de criar espaços organizados e animados, por meio do agenciamento urbano e da edificação, para abrigar os diferentes tipos de atividades humanas.

2. Pela conceituação mais remota, é a arte de compor e construir edifícios, segundo as regras e proporções convenientes, conforme define Francisco de Assis Rodrigues.

3. Lúcio Costa, nosso maior teórico do assunto, escreve: "Arquitetura é construção concebida com a intenção de ordenar plasticamente o espaço, em função de uma determinada época, de um determinado meio, de uma determinada técnica e de um determinado programa".[30]

4. "Arquitetura é o jogo sábio, correto e magnífico dos volumes reunidos sob a luz. Arquitetura estabelece relações comoventes com materiais brutos".[31]

BALDRAME = 1. Alicerce, em alvenaria ou concreto, utilizado em fundação contínua, mais usado em prédios de pequeno porte. Suas dimensões dependem da análise de solo.

2. Viga de concreto armado que corre sobre qualquer tipo de fundação servindo como cinta de amarração.

BATENTE = Nas portas de abrir, com uma ou duas folhas, peça de madeira com recorte reentrante na qual uma das faces da folha da porta é articulada, mediante dobradiças, e a outra se encaixa quando fechada.

CAIXILHO = Estrutura das folhas de esquadrias em que são fixados os vidros. Pode ser de madeira, metal ou PVC. O conjunto dos caixilhos das esquadrias em uma fachada é chamado caixilharia. A colocação de painéis e vidros nos caixilhos é chamada encaixilhar.

CONTRAPISO = Camada inferior do piso feita em concreto magro com tela metálica sobre terreno ou laje. Serve de base para o revestimento do piso. Nesse caso, é também chamado lastro de contrapiso.

CONTRAVERGA = Peça construtiva disposta na extremidade do peitoril, para dar melhor acabamento e fixação das esquadrias.

DESNÍVEL = 1. Diferença entre níveis. Para níveis de sinais iguais, a subtração irá determinar o desnível; se tratando de níveis com sinais diferentes, o desnível será determinado pela soma.

2. Distância vertical medida entre pisos. Exemplo: piso do pavimento térreo e piso do pavimento superior.

ESQUADRIA = Designação genérica de portas, caixilhos e venezianas. Elemento destinado a guarnecer vãos de passagem, ventilação e iluminação, possibilitando inclusive visibilidade externa. O termo é mais comum quando se refere aos vãos de portas e janelas.

JANELAS = Aberturas em alvenarias externas destinadas a iluminar e ventilar os ambientes, possibilitando visibilidade externa. Pode ser móvel, fixa, ou uma combinação de ambas. Sua estrutura é compreendida pela verga na parte superior, as ombreiras nas laterais e o peitoril, na parte inferior, onde possui uma contraverga. Sua parte móvel é denominada folha, geralmente envidraçada e/ou provida de venezianas. Em geral, é feita de madeira, ferro, alumínio, aço e PVC.

---

[30] Corona e Lemos (1998, p. 54).
[31] Le Corbusier (1998, p. XXVII-XXXI).

PORTAS = Aberturas em alvenarias ou muros, ao nível do piso, vedada por folha móvel, através da qual pessoas, veículos e equipamentos, têm acesso ao edifício ou ambientes. A sua parte estrutural corresponde, em geral, ao marco ou caixão e à guarnição. A parte móvel é constituída por uma ou mais folhas, também chamadas vedos. Em geral, suas dimensões estão vinculadas ao uso, isto é, o fluxo de pessoas, veículos ou equipamentos, para os quais serve como passagem.

FUNDAÇÃO = Parte de uma construção destinada a receber e distribuir as cargas do edifício e transmiti-las ao solo, e tem como função assegurar a sua estabilidade; alicerce. Em geral, é construída abaixo do nível do terreno. É a primeira parte do prédio a ser feita. A escolha do tipo, dimensões e forma da fundação dependem da carga e a resistência do solo em que se encontra.

GRADIL = Qualquer tipo de grade, feita de madeira ou ferro, que circunde jardins, praças públicas, e nas edificações, em alpendres, sacadas, terraços e escadas com função de proteção ou anteparo. Em geral, é composto por peças unidas entre si por um corrimão.

LAJE = Lâmina estrutural horizontal contínua empregada em pisos ou tetos de edifícios, que, com pilares e vigas, compõe o sistema estrutural. As lajes recebem as cargas diretamente transferindo-as para as vigas, destas para os pilares e, finalmente, às fundações. Geralmente, é feita de concreto armado moldado in loco, também podem ser pré-fabricadas. Quando destinadas ao teto, podem ter espessura maior ou igual a 5 cm, para pisos sem passagem de veículos, maior ou igual a 7 cm, pisos com acesso de veículos, maior ou igual a 12 cm. Em geral, sua espessura costuma ser compreendida entre 7,5 cm ou 10 cm.

LASTRO = Camada de concreto lançada sobre o terreno apiloado como base para o piso definitivo. Brita miúda misturada à argamassa de cimento e areia, usada como revestimento de piso externo; o mesmo que contrapiso.

NÍVEL = 1. Superfície paralela ao plano do horizonte.

2. Instrumento usado em canteiros de obras dotado de luneta, geralmente montado em um tripé, e usado na medição de diferenças de cotas entre pontos do terreno – levantamentos topográficos. Em geral, é usado por pedreiros e carpinteiros. Existem vários tipos de nível. Os mais comuns são o nível de pedreiro, o nível de bolha e o nível de tubo.

PÉ-DIREITO = Dimensão vertical ortogonal que vai do piso ao teto nos ambientes de um edifício. Sua altura mínima é fixada por legislação dos códigos de obras municipais, conforme o uso dado ao ambiente do edifício. Durante o século XIX, o pé-direito das construções era bastante elevado, por exigência da legislação vigente, como medida de higiene. A partir do século XX, foi progressivamente diminuído, considerando-se desnecessária sua excessiva elevação devido ao uso de novos materiais que permitiam a abertura de vãos maiores nas fachadas.

PEITORIL = 1. Plano inferior dos vãos de janelas, disposta no sentido horizontal, provida de suave inclinação para o exterior, para o escoamento de águas pluviais.

2. Peça, usualmente em madeira ou pedra, disposta sobre o peitoril da janela, destinada a dar melhor acabamento à construção, proteger o peitoril e auxiliar no escoamento de águas pluviais. É comum apresentar uma pingadeira na sua face inferior saliente, evitando o escoamento de águas pluviais pela parede.

3. Por extensão, parede entre o piso e o peitoril do vão de janela; guarda-corpo.

PILAR = Barra estrutural vertical, de seção circular ou poligonal, para dar sustentação às construções. Em geral, o termo pilar é aplicado quando referido ao elemento de seção poligonal, usualmente retangular ou quadrada, sendo chamado coluna o pilar de seção cilíndrica. Nas construções de concreto armado, forma junto com as vigas e as lajes a estrutura do edifício. Recebe as cargas de vigas e lajes e as transmite às fundações. Seu dimensionamento é feito pelo calculista em função da carga e sua distribuição no edifício. Pode ser executado em concreto armado, aço ou madeira. Em concreto armado tem no mínimo 12 cm de largura, sendo que quando quadrado tem usualmente a largura mínima de 20 cm. O pequeno pilar é chamado pilarete.

PINGADEIRA = Sulco ou saliência longitudinal feitos nos elementos ou peças de pedra, cerâmica ou concreto, em balanço voltado para o exterior. Sua função é evitar que as águas pluviais escorram pela superfície de paredes. Seu uso é comum no peitoril de janelas ou em saliências de alvenarias externas.

PLATIBANDA = Mureta de alvenaria maciça ou vazada, construída no coroamento de uma edificação, contornando-a acima da cobertura, e que se destina a proteger ou ocultar o telhado e compor ornamentalmente a fachada; eventualmente serve de proteção em terraços. No caso do emprego de lajes planas como solução de cobertura, pode-se adotar a própria viga da estrutura, no caso, invertida, como platibanda.

SOLEIRA = Peça retangular, em geral de madeira ou pedra, que corresponde à parte inferior do vão da porta, situada junto ao nível do piso. Comumente, é feita do mesmo material do compartimento contíguo. Frequentemente, a pedra empregada na soleira é o mármore ou granito, com espessura de 25 mm a 3 mm.

TELHA = Cada uma das peças usadas para cobrir as construções protegendo-as das chuvas. Pode ser feita em diversos materiais, como: cerâmica, fibrocimento, zinco, ardósia, madeira, plástico, concreto, cobre; e ter várias formas. A inclinação dos telhados depende em grande parte do tipo de telha utilizado em sua cobertura. O conjunto das telhas em um telhado é chamado telhamento.

TELHADO = Sistema de cobertura dos edifícios em virtude do uso comum de telhas. O termo é principalmente utilizado quando o sistema é composto por uma armação estrutural e um material de recobrimento, a cobertura. Sua superfície pode ser plana, o mais comum, ou curva. Pode ser constituído por uma ou mais de uma superfície. As superfícies que compõem o telhado são chamadas águas de telhado. Usualmente, as águas de telhado são inclinadas, favorecendo o escoamento das águas pluviais. Possui muitas vezes um sistema de captação composto de calhas e condutores.

TESOURA = Nos telhados que vencem vãos sem auxílio de paredes internas, é o sistema estrutural triangular, em madeira ou metal, indeformável que sustenta a cobertura.

TRELIÇA = Armação de madeira ou metal constituída por peças que se cruzam.

VERGA = Peça que se põe horizontalmente sobre ombreiras de porta ou de janela para sustentação da alvenaria. Dependendo da forma do vão, pode ser reta ou curva. Em geral, é feita em concreto armado e fica embutida nas alvenarias. Em antigas edificações, era frequentemente feita em pedra ou madeira.

VIGA = Peça de sustentação horizontal utilizada em construções. Elemento estrutural, em concreto armado, aço ou madeira, constituído por uma barra horizontal. Na estrutura geral do edifício, elemento disposto comumente na horizontal, de seção retangular, que trabalhe principalmente à flexão e transmita as cargas das lajes aos pilares. Viga mestra, em uma edificação, a que recebe uma carga maior, em relação às demais.

BIBLIOGRAFIA

ABBOTT, W. **Curso de desenho técnico**. São Paulo: Ediouro, 2003.

ALBERNAZ, M. P. ; LIMA, C. M. **Dicionário ilustrado de arquitetura**. São Paulo: Pro-editores, 2000.

ARGAN, G. C. **Clássico anticlássico**: o Renascimento de Brunelleschi a Bruegel. São Paulo: Companhia das Letras, 1999.

ARTIGAS, J. B. V. **Caminhos da arquitetura**. São Paulo: Pini; Fundação Vilanova Artigas, 1986.

_____. **Caderno dos riscos originais**: projeto do edifício da FAUUSP na Cidade Universitária. São Paulo: FAUUSP, 1998.

ARNHEIM, R. **Arte & percepção visual**: uma psicologia da visão criadora. São Paulo: Pioneira, 1992.

ASSOCIAÇÃO BRASILEIRA DE NORMAS TÉCNICAS. **NBR 10068**: folha de desenho – Leiaute e dimensões – Padronização. Rio de Janeiro, 1987.

_____. **NBR 10126**: cotagem em desenho técnico – Procedimento. Rio de Janeiro, 1987.

_____. **NBR 10582**: apresentação da folha para desenho técnico – Procedimento. Rio de Janeiro, 1988.

_____. **NBR 6492**: representação de projetos de arquitetura. Rio de Janeiro, 1994.

_____. **NBR 8402**: execução de caracter para escrita em desenho técnico – Procedimento. Rio de Janeiro, 1994.

_____. **NBR 13532**: elaboração de projetos de edificações – Arquitetura. Rio de Janeiro, 1995.

_____. **NBR 10067**: princípios gerais de representação em desenho técnico – Procedimento. Rio de Janeiro, 1995.

_____. **NBR 13142**: desenho técnico – Dobramento de cópia. Rio de Janeiro, 1999.

_____. **NBR 8196**: desenho técnico – Emprego de escalas. Rio de Janeiro, 1999.

_____. **NBR 13273**: desenho técnico – Referência a itens. Rio de Janeiro, 1999.

_____. **NBR 9050**: acessibilidade a edificações, mobiliário, espaços e equipamentos urbanos. Rio de Janeiro, 2015.

BAUD, G. **Manual de construção**. São Paulo: Hemus, 1973.

BLASER, W. **Mies Van Der Rohe**. São Paulo: Martins Fontes, 1994.

BO BARDI, L. **Contribuição propedêutica ao ensino da teoria da arquitetura**. São Paulo: Instituto Lina Bo Bardi, 2002.

BORGES, A. C. **Topografia**. São Paulo: Blucher, 1977.

BRONOWSKI, J. **A escalada do homem**. São Paulo: Martins Fontes, 1983.

CAPOZZI, D. **Desenho técnico**. São Paulo: Edição do Autor, [19--].

CARSTEN, P. W. **The ideal as art**: de Stijl, 1917-19131. Cologne: Taschen, 1994.

CARRANZA, E. G. **Eduardo Longo na arquitetura moderna paulista**: 1961-2001. 2004. Dissertação (Mestrado em Arquitetura) – Universidade Presbiteriana Mackenzie, São Paulo, 2004.

CARRANZA, R. **Eduardo Corona**: arquitetura moderna em São Paulo. São Paulo: FUPAM; FAUUSP, 2001.

CARRANZA, R.; CARRANZA, E. G. **Detalhes construtivos de arquitetura**. São Paulo: PINI, 2014.

CASASÚS, J. M. **Teoria da imagem**. Rio de Janeiro: Salvat, 1979.

CHAVES, N. **El oficio de diseñar**. Barcelona: Gustavo Gilli, 2001.

CHILDE, V. G. **A evolução cultural do homem**. Rio de Janeiro: Zahar, 1981.

CHING, F. D. K. **Representação gráfica em arquitetura**. Porto Alegre: Bookman, 2000.

CORONA, E.; LEMOS, C. A. C. **Dicionário da arquitetura brasileira**. São Paulo: Edarte, 1972.

_____. **Dicionário da arquitetura brasileira**. São Paulo: Companhia das Artes, 1998.

CUNHA, A. G. da. **Dicionário etimológico Nova Fronteira da língua portuguesa.** Rio de Janeiro: Nova Fronteira, 1982.

_____. **Dicionário etimológico Nova Fronteira da língua portuguesa.** Rio de Janeiro: Nova Fronteira, 1997.

Desenhos de arquitetura: do século XIII ao século XIX. Texto Eliana Prince. Florença: SCALA, 2012.

DOESBURG, T. 4. capa. In. WARNCKE, C.-P. **The Ideal as Art**: De Stijl, 1917-1931. Cologne: Benedikt Taschen, 1994.

FERREIRA, A. B. H. **Dicionário Aurélio.** São Paulo: Positivo, 2004.

FRACAROLI, C. **A percepção da forma e sua relação com o fenômeno artístico.** São Paulo: FAUUSP, 1952.

GOODMAN, S.; PORTER, T. **Manual of Graphic Techniques 2.** New York: Astragal, 1982.

GOMBRICH, E. H. **A história da arte.** Rio de Janeiro: Zahar, 1985.

GREGORY, R. L. **Olho e cérebro:** psicologia da visão. Rio de Janeiro: Zahar, 1979.

GROPIUS, W. **Bauhaus:** novarquitetura. São Paulo: Perspectiva, 1982.

KANDINSKY, W. **Ponto, linha, plano.** São Paulo: Martins Fontes, 1987.

KAHN, L. **Forma y diseño.** Buenos Aires: Nueva Visión, 1984.

KATINSKY, J. R. **Renascença:** estudos periféricos. São Paulo: FAUUSP, 2002.

_____. **Considerações sobre o ensino do desenho técnico.** São Paulo: FAUUSP, 1993.

LE CORBUSIER. **Por uma arquitetura.** São Paulo: Perspectiva, 1998.

LOTUFO, V. A.; LOPES, J. M. A. **Geodésicas e cia.** São Paulo: Projeto, 1982?.

MACHADO, A. **Perspectiva:** cônica, cavaleira, axonométrica. São Paulo: PINI, 1988.

_____. **Desenho na engenharia e arquitetura.** São Paulo: A. Machado, 1980.

METZGER, P. **A perspectiva sem dificuldade.** Ohio: North Light; F&W Publications, 1988.

MONTEIRO, J. C. R. **Tesouras de telhado**: tesouras de madeira. 4.ed. rev. e atual. Rio de Janeiro: Interciência, 1976.

MONTENEGRO, G. A. **A perspectiva dos profissionais.** São Paulo: Blucher, 1983.

MASSIRONI, M. **Ver pelo desenho:** aspectos técnicos, cognitivos, comunicativos. Lisboa: Edições 70, 1982.

MUNARI, B. **Desenhar uma árvore.** São Paulo: Martins Fontes, 1978.

NEIZEL, E. **Desenho técnico para a construção civil.** São Paulo: EPU-Eduso, 1974.

NEUFERT, E. **Arte de projetar em arquitetura.** São Paulo: Gustavo Gilli, 2004.

NORBERTO, C. **El ofício de diseñar:** propostas a la consciencia crítica de los que comienzan. Barcelona: Gustavo Gilli, 2001.

PANOFSKY, E. **Renascimento e renascimentos na arte ocidental.** Lisboa: Presença; Stockholm: Almqvist&Wiksells, 1981.

PAPADAKIS, A; COOKE, C.; BENJAMIN, A; **Deconstruction omnbus.** New York: Rizzoli, London, 1989.

PANERO, J.; ZELNIK, M. **Las dimensiones humanas en los espacios interiores**: estandares antropométricos. Barcelona: Gustavo Gilli, 1983.

SÁ, J. R. da C. **Edros.** São Paulo: Projeto, 1982.

SERLIO, S. **Libro primo [quinto, estraordinario, settimo] d'architettura, di Sebastiano Serlio Bolognese [nelquale con facile et breue modo si tratta de primi principii della geometria. Con nuoua aggiunta delle misure, ...].** Venetia: Appresso Francesco Senese, 1566.

WARNCKE, C.-P. **The Ideal as Art**: De Stijl, 1917-1931. Cologne: Benedikt Taschen, 1994.

GRÁFICA PAYM
Tel. [11] 4392-3344
paym@graficapaym.com.br